GOLDMANNS WELTRAUM TASCHENBÜCHER

Band 0148

Frederik Pohl · Mondschein auf dem Mars

Von Frederik Pohl sind zur Zeit lieferbar:

Die Macht der Tausend. 089
Mondschein auf dem Mars. 0148
Die Welt wird umgepolt. 0134

Von Frederik Pohl und C. M. Kornbluth
ist zur Zeit lieferbar:

Welt auf neuen Bahnen. 0136

FREDERIK POHL

Mondschein auf dem Mars

TURN LEFT AT THURSDAY

Utopisch-technische Erzählungen

WILHELM GOLDMANN VERLAG
MÜNCHEN

Ungekürzte Ausgabe · Made in Germany
 Aus dem Amerikanischen übertragen von Tony Westermayr. Herausgegeben unter wissenschaftlicher Beratung von Dr. Herbert W. Franke. Umschlagentwurf: Eyke Volkmer. Gesetzt aus der Linotype-Garamond-Antiqua. Druck: Presse-Druck Augsburg. WTB 0148 · Sch/pit
ISBN 3-442-23148-5

INHALT

I

Hardee hielt mit seinem Jeep vor dem Verwaltungsgebäude, öffnete die Klappe und stieg keuchend aus.

Es war Mitternacht und kalt, besser als in der Hitze des Tages, aber er fröstelte, und sein Atem schlug sich in der dünnen Luft als weißes Wölkchen nieder.

Mars – zum Teufel damit! Zu heiß am Tag, zu kalt in der Nacht, und die Luft stets zu dünn.

Er hob den Kopf. Die Sterne schwebten dicht gedrängt am Himmel. Beide Monde waren unsichtbar; die Sterne gaben weißes Licht, nicht hell genug, um aufdringlich zu sein, aber so viel, daß er, nachdem er die Scheinwerfer des Jeeps gelöscht hatte, Einzelheiten der Straße, des Randsteins, der Gehsteige, der niedrigen Bauten wahrnehmen konnte. Die kleine Stadt besaß keine Straßenlampen, und in Nächten wie dieser machten sich nicht viele Leute die Mühe, die Außenlampen einzuschalten; es war nicht notwendig.

Um die Ecke schimmerte es rötlich. Hardee zog seinen Sack aus dem Jeep, schwang ihn mit einem Brummlaut auf die Schulter und ging auf den willkommenen Lichtschimmer zu.

Er stammte von einer Neonschrift mit dem Text: ›Bei Bunnie, Flottestes Nachtlokal auf dem Mars.‹

Im Eingang blieb Hardee stehen und blinzelte.

Vom Jeep waren es nur an die fünfzig Meter gewesen, aber er schwitzte stark, weil der Sack so schwer war. Feuchtigkeit gab es beim Schwitzen nicht – die dünne, trockene Luft sog sie sofort gierig auf, aber das Schwitzen ermüdete Muskeln und Haut; man kam sich vor wie in einer Tretmühle. Er atmete schwer, und Lärm und Licht drangen auf ihn ein.

»Hardee!« schrie jemand. Er nickte und winkte, versuchte aber nicht, herauszubekommen, wer es gewesen war. Er kniff die Augen zusammen, trat ein und fand einen Tisch.

Bei Bunnie. Flottestes Nachtlokal auf dem Mars. Eine glatte Lüge – vermutlich. Es mochte andere Lokale geben, aber niemand in Bunnies Laden hatte sie je gesehen, und wenn es sie gab, dann mußten sie einfach flotter sein. Was Bunnie zu bieten hatte, war:

Ein Klavier, ausgetrocknet von der Wüstenluft, in miserabler Verfassung, reparaturbedürftig, auf dem jemand im Augenblick ein Potpourri bekannter Melodien zu spielen versuchte, was jedoch fast unmöglich war, da alle schwarzen Tasten in den mittleren Oktaven zerbrochen waren.

Eine Bar, in der es Whisky, Gin und Kognak gab und sonst fast nichts.

Ein Dutzend Tische um einen freien Platz, der als Tanzfläche diente.

Einen Plattenspieler mit einigen hundert Langspielplatten, meist Rock and Roll, alle sehr stark abgespielt.

Zwei Billardtische, deren Filzbelag mit Heftpflaster geflickt worden war.

Zwei Pingpongtische.

Eine ›Bücherei‹. Sie bestand aus sechsundzwanzig Büchern, ausschließlich Romane aus den Jahren 1960 bis 1966.

Nahezu hundert Personen, ein Dutzend davon Frauen, die jüngste von ihnen dreißig Jahre alt.

Das war ›Bei Bunnie‹. Als Nachtlokal war es ein Fehlschlag. Als Erholungsraum für eine Strafkolonie dagegen war das Lokal gar nicht so übel; und genau darum handelte es sich.

Der alte Tavares kam an den Tisch, um Hardees Bestellung aufzunehmen.

»Sie kommen spät«, keuchte er. Er behauptete, früher einmal, auf der Erde, in dem ehemaligen Leben, von dem sie alle endlos redeten, lungenkrank gewesen zu sein. »Der Bewährungshelfer hat Sie gesucht.«

»Mit dem spreche ich später«, sagte Hardee. »Bringen Sie mir vorher einen Whisky.«

Tavares nickte und hinkte schwerfällig davon. Das Lokal war überfüllt. Es war Neumond oder doch beinahe – der Mond ging erst eine gute Stunde vor Sonnenaufgang auf –, so daß praktisch alle Trapper wie Hardee ihre monatlichen Bewährungsberichte in dieser kurzen Periode von drei oder vier Tagen abzugeben versuchten.

Wenn ein Trapper seinen Bericht in einer Vollmondnacht lieferte, bedeutete das den Verlust einer ganzen Arbeitsnacht. Das konnte sich ein Trapper nicht leisten. Er stand allein, obwohl er ein Gefangener war. Er brauchte alle Zitterkäfer, die er fangen konnte, um seine Rechnungen zu bezahlen und die Ausrüstung für den nächsten Monat zu besorgen.

Die Alternative war, den Bericht unter Tags abzugeben. Das war aber schlecht, wenn man mehr als zehn oder fünfzehn Meilen zurücklegen mußte – bei Hardee waren es fünfzig –, weil die Wüste tagsüber um diese Jahreszeit einfach zu heiß war. Außerdem ließ sich der Bewährungshelfer unter Tags nicht gern im Schlaf stören. Und er war ein kleinlicher, nörglerischer alter Mann, der wenig echte Befugnisse besaß – er war ebenso Sträfling wie alle seine Schutzbefohlenen, weil es in der ganzen Kolonie niemanden gab, der nicht verurteilt war – und sich deshalb aufspielte.

»Hallo, Hardee.«

Hardee hob den Kopf und lächelte zum erstenmal.

»Hallo, Joan.«

Joan Bunnell, die ›Bunnie‹ von ›Bei Bunnie‹, war klein, freundlich, mit honigfarbenem Haar. Hardee hatte sie gern; sie hatten ein paarmal miteinander geschlafen und sogar von Heirat gesprochen. Aber das hier war nicht der Ort zum Heiraten. Verboten war es nicht – es gab wenige Verbote, alles in allem betrachtet, nur die Große Vorschrift, daß man sich nicht weiter als hundert Meilen von der kleinen Stadt entfernen durfte, und ein paar kleinere. Aber wie konnten sie ernsthaft vom Heiraten sprechen, wenn der eine oder der andere oder beide vielleicht auf der Erde noch verheiratet sein mochten?

Sie brachte zwei volle Gläser auf einem Tablett, eines für sich, eines für ihn. Sie setzte sich und fächelte sich Luft zu. Es war nicht übermäßig heiß – nicht im Vergleich mit draußen –, aber die grellen Farben des Raums, die lauten Stimmen und das Dröhnen der Musikbox im Widerstreit mit dem verstimmten Klavier erweckten den Eindruck eines Hexenkessels.

»Trink aus«, sagte Joan Bunnell und prostete ihm zu. »Man muß den Flüssigkeitsspiegel hochhalten.«

»Irgendwas muß man ja hochhalten«, plärrte eine Affenstimme hinter Hardee und lachte heiser.

Hardee drehte sich stirnrunzelnd um. Er erkannte die Stimme. Der Mann hieß Wakulla.

Das ist die Sorte Mensch, für die der Ort hier geschaffen ist, dachte Hardee gereizt. Man brauchte ihn nur anzusehen, um zu wissen, daß das kein betrügerischer Bankangestellter oder Fälscher war; das war Schlag-sie-tot und Räum-ihnen-die-Taschen aus. Diese hängenden Schultern und die gekräuselten schwarzen Brusthaare, die das dünne Hemd zwei Zentimeter vor der Brust hielten, besaßen keine Raffinesse, keine Schlauheit. Der Mann war ein Affe.

Er dröhnte mit der Kraft eines Affen: »Hardee, du Hanswurst, wie viele Zigaretten hast du diesmal mitgebracht?«

Sein Geplärr brachte die Leute im Lokal nicht gerade zum Schweigen, schuf aber eine kleine Oase der Stille – im Umfang etwa der Reichweite seiner enormen Fäuste entsprechend. Er war nicht beliebt. Aber man fürchtete ihn; in einer kleinen Welt ohne Gesetz fürchtete man ihn sehr.

Hardee sagte klar und deutlich: »Hundertvierzehn.«

»Da?« Wakulla gab dem Sack neben Hardees Stuhl einen Tritt.

»Nur etwa ein Dutzend. Die anderen sind draußen im Jeep.«

Wakulla nickte und grinste äffisch.

»Gut für dich, Hardee! Du hast in dem Monat gewonnen. Weißt du, was du gewonnen hast?«

Hardee wartete.

»Du hast das Vorrecht gewonnen, den ganzen Laden freizuhalten!« schrie Wakulla. »Los, Jungs, stellt euch an!«

Hardee sah Joan Bunnell an und preßte die Schultern an die Rückenlehne.

Es besteht eine Chance, daß ich Wakulla überwältigen kann, dachte er abwägend. Der Affe war zehn Zentimeter kleiner als er, und das konnte ins Gewicht fallen. Alles andere sprach für Wakulla – Reichweite, Gewicht und der unbesiegbare, tierische Kampfinstinkt, der alle anderen Überlegungen zur Bedeutungslosigkeit verurteilte. Immerhin, eine Chance war vorhanden.

Es war aber besser, eine Auseinandersetzung zu vermeiden.

Hardee atmete tief ein und zwang sich ein Grinsen ab.

»In Ordnung«, sagte er.

Wakulla machte ein finsteres Gesicht und wartete.

»Warum nicht?« meinte Hardee vernünftig. »Aber wenn ich das gewinne, weil ich ein paar schäbige Zitterkäfer mitgebracht habe, was bekomme ich dann dafür?«

Er stemmte den Sack auf die Tischplatte und öffnete die Zugschnur.

Obenauf lagen ein paar Zitterkäfer. Er zog sie heraus und legte sie auf den Tisch, wo ihre langen Gelenkbeine unter dem Licht schwach zu zucken begannen. Unter ihnen befand sich, was er suchte.

Er nahm es heraus, stand auf und schüttelte es aus.

Es hing schlaff in seiner Hand. Es war ein grauer Leinenoverall, verdreckt, durchgeschwitzt, mit Flecken, die nach Blut aussahen.

»Was, zum Teufel, ist das?« fuhr ihn Wakulla an.

»Wonach sieht es aus? Ein Overall. Ich habe ihn einem Mann ausgezogen, den ich vor drei Tagen draußen gefunden habe. Er war zu Fuß unterwegs.«

Das schlug ein wie eine Bombe.

Der alte Tavares hinkte heran, zwängte sich durch die Männer, die Hardees Tisch umringten, und griff nach dem schmutzigen Kleidungsstück.

»Und der Mann, der ihn getragen hat – war der tot?«

»Was denken Sie?«

Es verstand sich von selbst. Man konnte kurze Strecken in der Wüste herumlaufen, aber auch nicht annähernd die Entfernung von dem Fertigbau eines Prospektors zu dem eines anderen zurücklegen. Dazu brauchte man einen Jeep.

»Ich habe ihn in der Wüste begraben. Er war ein Fremder.«

»Ein Fremder!«

Tavares ließ den Overall fallen und starrte ihn an.

Hardee warf die Zitterkäfer wieder in den Sack und zog ihn zu. Als das Licht ausgesperrt war, hörten die Bewegungen auf. Er leerte sein Glas.

»Kennst du die alte Mine, Wakulla – draußen zwischen deinem Haus und meinem? Ich war bei Tagesanbruch dort und fand den Mann. Da war er noch nicht tot.«

»Aber du hast doch eben gesagt –«, knurrte Wakulla.

»Er lag im Sterben, mit dem Gesicht im Sand, und rührte sich nicht. Ich hielt und ging hin.«

Fast alle Leute im Raum hatten sich um ihn versammelt und hörten zu. Die Strafkolonie bestand jetzt seit fünf Jahren – Hardee selbst war nun seit fast drei Jahren dort –, und dies war das erstemal, daß je ein Fremder aufgetaucht war. Es war ein Ereignis größter Bedeutung, beinahe so, als habe jemand endlich seine Strafe abgesessen oder als sei auf irgendeine Weise Funkkontakt mit der Erde hergestellt worden.

Hardees Hand schloß sich um die des Mädchens.

»Ich versuchte ihn hochzuheben«, sagte er. »Er atmete noch, aber nicht normal, sondern keuchend. Wißt ihr noch, wie es war, als ihr hergekommen seid? Bei ihm kam es einem nur viel schlimmer vor. Er lag im Sterben. Und dann öffnete er die Augen und sah mich an.« Hardee machte eine Pause, während er an die trockenen, glanzlosen Augen in dem gequälten Gesicht dachte. »Es war nicht nur der Durst und das Liegen im Freien«, fuhr er fort, »denn der Mann war übel zugerichtet. Ein Arm war gebrochen. Glaube ich wenigstens. Und – tja, seht euch den Overall an. Ihr könnt das Blut erkennen. So sah er aus. Er hob den Kopf und sagte etwas. Ich konnte ihn kaum verstehen. Und dann setzte er sich auf und bekam keine Luft mehr. Und er starb. Er war in sehr schlechter Verfassung gewesen, wie gesagt.«

»Hardee!« drängte Joan Bunnell. »Was hat er gesagt?«

Hardee stellte sein Glas auf den Tisch und berührte nachdenklich den Overall.

»Er sagte: ›Gott sei Dank! Ein Mensch!‹«

2

Vier Stunden später fuhr Hardee zu seinem Fertighaus.

Der Mond guckte in einer Flut weißen Lichts, das die Berge scharf zeichnete, über den östlichen Horizont. Hardee öffnete die Tür des Jeeps und hob keuchend den Kopf – so war es immer, wenn man eine Weile gesessen hatte. Wenn man sich aufzurichten begann, rang die Lunge in dieser dünnen Luft nach Sauerstoff und fand ihn nur mit Mühe.

Mal sehen, dachte Hardee, während er den großen, weißen Mond anstarrte. Das mußte Deimos sein. Oder Phobos. Manche behaupteten, der große sei Deimos, andere meinten, der kleine. Niemand wußte es genau, niemand hatte die Kolonie bisher überzeugen können. Der alte Tavares war der einzige, der es vermutlich mit Sicherheit wußte, und er lachte nur, wenn man ihn danach fragte.

Hardee hielt den großen Mond für Deimos. Das war der helle und nützliche. Wochenlang konnte man ihn überhaupt nicht sehen. Der andere – wozu war der gut? Er war ein schneller, kleiner

Komet, stahlblau und heller als ein Stern, ja, aber nicht hell genug. Er bewegte sich schnell, sehr schnell; jede Nacht flog er zwei- oder dreimal über den Himmel. Aber für die Jagd taugte er nicht.

Hardee stieg ächzend aus dem Jeep. Er ließ den Motor laufen – er wollte gleich zurückkommen – und drehte das Kombinationsschloß, das die Tür zu seinem Heim, seinem und des Jungen Heim, öffnete.

Nicht alle Leute machten sich die Mühe, die Türen abzusperren, wenn sie weggingen, aber Hardee hatte sich das angewöhnt. Das war seine Art, und außerdem hatte er Kostbareres zu schützen als die meisten.

Im Haus warf er die Vorräte auf den Boden und schaute hastig in das Zimmer des Jungen. Dort war alles still. Er schloß leise die Tür und kehrte in den größeren Raum zurück, verstaute die verderblichen Lebensmittel im Kühlschrank und ließ alles andere liegen. Er zog das kleine Bündel Gutscheine für die überzähligen Zitterkäfer aus der Tasche – jene, deren Gewinn nicht für die Bezahlung der Vorräte, der Raten für den Jeep, das Fertighaus und die Einrichtung ausgegeben worden war.

Er sperrte die Tür hinter sich ab und fuhr in die Wüste hinaus.

Bevor die Sonne aufging, würde noch eine Stunde der Mond scheinen. Es war nicht gut, Stunden zu verschwenden; es gab jeden Monat nur soundso viele Stunden, in denen die Zitterkäfer gefangen werden konnten.

Der alte Tavares behauptete, die Zitterkäfer seinen keine Tiere – sondern Maschinen.

Tavares kannte sich vielleicht aus. Er hielt sich schon länger in der Kolonie auf als die meisten, und obwohl seine Gedanken oft abirrten und er manchmal glaubte, es sei ein Krieg im Gange und sie befänden sich alle in einem Konzentrationslager, war er doch früher einmal Elektroingenieur gewesen. Das behauptete er jedenfalls.

Tavares schwätzte von Miesmuscheln, die Jod aus Meerwasser filterten, von Pflanzen, die aus CO_2 Sauerstoff abspalteten. Vielleicht steckte Sinn dahinter, vielleicht auch nicht, aber er behauptete, alle Zitterkäfer stammten von einem Hauptzitterkäfer, der in einem Labor auf der alten Erde hergestellt worden sei. Der Sand enthalte Eisen und andere Elemente, sagte der alte Tavares, und deshalb habe jemand ein einfaches Reproduktionsmuster für eine simple, mit Sonnenlicht betriebene Maschine erfunden, die aus Sand und Gestein die Zutaten ausscheiden konnte, die erforderlich waren, um andere Maschinen genau wie sie selbst zu produzieren.

Vielleicht. Vielleicht auch nicht. Es stimmte, die Zitterkäfer sahen wie Maschinen aus; sie waren aus Metall. Und trotzdem wuchsen sie. Die Theorie war einfach. Vielleicht. Sogar Hardee konnte das sehen, und er war in der alten Zeit auf der Erde nur Verkehrspolizist gewesen. Oder glaubte, es gewesen zu sein.

Es fiel für Hardee so oder so nicht sehr ins Gewicht. Was für ihn eine Rolle spielte, war, daß man die Zitterer während des Mondscheins fangen konnte und daß man, wenn man hundert von ihnen fing, mit den erforderlichen Zahlungen auf dem laufenden bleiben konnte; fing man mehr, dann konnte man sich sogar manchen Luxus leisten. Und darauf kam es an. Nicht so sehr für Hardee – dafür mußte er sich noch zuviel Strafe auferlegen –, aber für den Jungen.

Der Junge verdiente ein bißchen Luxus. Denn er hatte nichts anderes.

Eine Meile vom Fertighaus entfernt schaltete Hardee das RDF-Gerät ein, seine Funkpeilanlage.

Die Antenne am Heck des Jeeps begann sich langsam zu drehen und forschte nach ausgestrahlten Radiowellen. Das war das Wichtigste in Mondscheinnächten.

Die Zitterkäfer funktionierten, was immer sie sonst sein mochten, durch Lichtenergie. Wenn Licht auf ihre gewölbten, absorbierenden Rückenschilde fiel, wandelten die winzigen Stromkreise in ihnen das Licht geschäftig in Wärme- und Bewegungsenergie um. Aber nicht ganz. Es gab eine gewisse Menge Abfall in Form von freien Radioimpulsen. Um die zu finden, hatte man das RDF-Peilgerät konstruiert.

Wenn ich es mir recht überlege, dachte Hardee, ist diese gewisse Menge Abfall vielleicht gar kein Abfall. Wenn es zutraf, daß die Zitterkäfer künstlich waren, konnte es durchaus sein, daß die Abfallproduktion vorgesehen war, genau zu dem Zweck, zu dem sie verwendet wurde – um die Zitterer aufzuspüren und einzusammeln.

Aber es war Licht erforderlich, damit sie ausstrahlten und so gefunden werden konnten.

Am Tag strahlten sie wegen des blendend-grellen Sonnenscheins natürlich wie verrückt, aber das nützte nichts. Bei Tag konnten die Zitterkäfer schneller laufen als ein Mensch oder sogar ein Jeep; sie sandten starke Signale aus, aber wozu taugte das, wenn man sie nicht fangen konnte?

Das Sternenlicht war auch nicht sehr geeignet. In einer besonders hellen Nacht mochte man, wenn man sehr, sehr viel Glück hatte, ein paar schwache Signalspuren auffangen, aber nur dann, wenn man zufällig auf fünfzig Meter an einen Zitterer herankam, und dann waren die Impulse zu schwach, um eine genaue Peilung zu ermöglichen. Nein, es mußte Mondschein sein – vom großen Mond –, so viel Energie, daß sie ausstrahlten, aber nicht so viel, daß sie entkommen konnten.

Hardee prüfte die kleinen Lichtpünktchen auf seiner Kathodenstrahlröhre und entdeckte eine Ansammlung von einem Dutzend oder mehr. Ohne Zweifel würde die Hälfte davon unter dem vorgeschriebenen Gewicht liegen. Ein halbes Kilogramm war das Minimum; man konnte mit dem Entzug von Gutscheinen für ein Dutzend voll ausgewachsener Zitterkäfer bestraft werden, wenn man einen unter der Grenze ablieferte. Wenn er etwas Glück hatte, sollte er aber einen oder zwei von den Ausgewachsenen fangen können, bevor es den anderen gelang, sich im Sand einzugraben.

Hardee jagte, bis die große, rote, aufgehende Sonne die Wüste aufzuheizen begann, dann raste er, vier Zitterkäfer im abgeschirmten Kasten, zum Haus zurück. Er umkreiste die Gegend, wo eine längstverlassene Hütte die alte Mine bezeichnete, dann nahm er den Fuß vom Gaspedal und schaute sich um.

Unter dem verblaßten Holzschild mit der nahezu unlesbaren Aufschrift ›Joes Schacht Nr. 1 zur letzten Hoffnung‹ lag das flache Grab, das Hardee für den Fremden ausgehoben hatte. In den Taschen war kein Name, kein Dokument, nichts zu finden gewesen, was Hardee etwas verraten hätte, und aus diesem Grund stand auch keine Inschrift auf dem kleinen Holzbrett, das er in der zunehmenden Hitze der Morgensonne zurechtgehackt hatte.

Hardee blieb einen Augenblick sitzen, mit leerem Gehirn, und dachte an den Mann, den er gefunden hatte. Es wurde bald zu heiß. Er legte den Gang ein und fuhr nach Hause.

Der Junge war wach und erwartete ihn an der Tür.

»Papi, Papi!« sang er ernsthaft und schläfrig. »Hast du ihn bekommen?«

»Na du«, sagte Hardee unsicher. Er bückte sich, um das Kind aufzuheben.

Chuck war klein für sein Alter, ein braunäugiger, dunkelhaariger kleiner Junge von fünf Jahren. Er schlang die Arme um Hardees Hals und sagte sofort: »Papi, hast du den Traktor? Ich habe immer daran gedacht! Ich bin in der Nacht dreimal aufgewacht, als du weg warst.«

»Das kann ich mir vorstellen«, meinte Hardee. Er fuhr dem Jungen durch die Haare. »Na, ich hab' ihn. Er ist im Sack.«

»O Papi!« jubelte das Kind. Es zappelte wild und wollte herunter.

Als er auf den Beinen stand, stürmte er ins Haus, durch die kleine Diele, wo die Schabeisen darauf warteten, daß sich Besucher den Sand von den Füßen streiften, und die Haken an den Wänden ihre Kleidung aufnahmen. Er lief auf die Vorräte zu. Bis Hardee seine Sandstiefel und die Jacke ausgezogen hatte, machte der Junge gräßlich scharrende Geräusche, während er Kisten mit Konservendosen wegzerrte; bis Hardee zur Tür gelangte, hatte Chuck den Sack schon geöffnet und kramte darin herum.

»O Papi« rief er wieder und zog den Traktor heraus. Es war das exakte Modell eines Jeeps mit vorne montierter Räumschaufel für den Sand; er wurde von Batterien betrieben und mit einem kleinen Handgriff gesteuert, den ein langes, dünnes Kabel mit dem Traktor verband.

»Ich habe nur eine Batterie«, sagte Hardee warnend. »Geh sparsam damit um. Ich weiß nicht, wann ich eine neue bekommen kann.«

»Oh, schon recht, Papi. Das macht mir nichts aus.«

Der Junge schaltete versuchsweise ein. Der Traktor ruckte an, heulte, schob die Räumschaufel über den Linoleumboden.

Der Junge lachte.

»Warte nur, bis ich draußen bin! Ich bleibe beim Haus, Papi, ganz bestimmt. Ich mache ein Fort und eine Burg! Ich grabe einen langen Kanal vom Haus bis zum Müllbrenner! Ich hole die Soldaten und meinen roten Laster, und ich mache ein Militärlager, das–«

»Na klar«, sagte Hardee und streichelte dem Jungen den Kopf. »Aber vorher ißt du dein Frühstück, ja?«

Hardee zwang sich, wach zu bleiben, während das Kind und er frühstückten. Es gelang ihm sogar, noch eine Stunde länger wach zu bleiben, aber das war die Grenze.

Er zog sich aus, hängte seine Sachen sorgfältig auf und fiel in sein Bett. Draußen jubelte der Kleine beim Spiel mit seinem neuen Traktor.

Es war nicht die beste Lösung für ihn und den Jungen, räumte Hardee ein. Aber es war wichtig, daß er nachts wach blieb. Und der Junge war noch zu klein, als daß man ihn allein hätte herumlaufen lassen können, während Hardee auf Jagd ging.

So sahen sie einander nicht so oft, wie Hardee gewünscht hätte, und es war schwer für Chuck, sich jeden Tag acht Stunden lang allein beschäftigen zu müssen, mindestens zweimal täglich allein zu essen und sich sogar allein schlafen legen zu müssen, wenn großer und kleiner Zeiger sich bei zwölf trafen. Kinder sind wunderbar anpassungsfähige Wesen, aber es war trotzdem sehr unerfreulich.

Aber was blieb anderes übrig?

Auf diese Weise war das Kind nur nachts ganz allein – wenn Hardee auf Jagd ging und Chuck schlief. Gewiß, ganz ungefährlich war das nicht. Es konnte etwas passieren – ein Brand, eine plötzliche Erkrankung, sogar ein Sturz aus dem Bett. Es war besser, tagsüber in der Nähe zu sein, selbst im Schlaf, wenn der Junge auf war und eher etwas anstellen konnte. Er durfte darauf vertrauen, daß Chuck ihn wecken würde.

Hardee seufzte und drehte sich auf die Seite. Am Himmel hörte er die Motoren eines Transportflugzeugs und draußen die aufgeregten Rufe Chucks. Hardee konnte sich vorstellen, wie er herumhüpfte und zu dem Flugzeug hinaufwinkte.

Nein, dachte Hardee, während er die leichte Decke über sich zog und die Augen schloß, es war kein ideales Dasein für sie beide, aber was konnte man in einer Strafkolonie schon erwarten?

3

Im Licht des Morgens schloß Joan Bunnell ihre Zimmertür und begann sich auszuziehen.

Sie schlüpfte in leichte Schlafshorts und ein kurzärmliges Oberteil, geflickt und verwaschen, trat ans Fenster und schaute in die Wüste hinaus. Sie blickte nach Westen, fort von der aufgehenden Sonne. Sie konnte die schwarzen Schatten von den sonnenberührten Kuppen der Restberge und Dünen fliehen sehen. Es würde ein heißer Tag werden.

Um diese Jahreszeit konnte man jeden Morgen sagen, der Tag würde heiß werden, ohne sich zu irren. Merkwürdig, dachte sie, ich habe nie gewußt, daß es auf dem Mars so heiß ist. Damals, in der alten Zeit – vorher – hatte sie überhaupt kaum je an den Mars gedacht.

Es hatte viel Gerede um Raketen und Satelliten gegeben, erinnerte sie sich undeutlich, und sogar einige Träumer, die gehofft hatten, der Mensch werde eines Tages den Mond betreten. Aber den Mars? Das war etwas für Romane gewesen. Auf solchen Unsinn hatte sie nicht geachtet. Vor allem hätte sie sich niemals träumen lassen, daß sie eines Tages selbst eine Gefangene auf dem Mars sein würde, ihrer Freiheit und ihrer Erinnerungen beraubt.

Auch von den anderen besaß keiner Freiheit oder Erinnerung.

Sie kurbelte die Filtertafeln herunter, die fast die ganze Hitze fernhalten würden, und ging zu ihrem kleinen Frisiertisch, um ihr Ritual vor dem Schlafengehen zu beenden. Reinigungscreme. Hautcreme. Fünfzig Striche mit der Haarbürste auf beiden Seiten des Scheitels. Sie rieb die Creme sorgfältig ein, unter den Augen, hinter den Kinnbacken, am Hals – dort, wo Falten und Schlaffheit zuerst beginnen würden.

Nein, sagte sie sich brutal, begonnen *hatten.* Die heiße, trockene Luft war für Haare und Haut einer Frau verheerend; man durfte keinen einzigen Tag vergehen lassen, ohne sich sorgfältig zu pflegen.

Sie war schläfrig, setzte sich aber auf die Bettkante, bevor sie sich hinlegte.

Es war ihr nicht möglich, zu Bett zu gehen, ohne erneut ein anderes Ritual auszuführen.

Sie blickte auf ihr Bild im Spiegel und machte sich Gedanken. Dann schob sie ohne Hoffnung, automatisch, die kurzen Ärmel ihres Jäckchens zurück und untersuchte die Haut ihres Innenarms, zog das Höschen hinauf und untersuchte das Fleisch der Schenkel.

Keine Einstichspuren.

»Lieber Gott«, murmelte Joan bedrückt. Sie hatte schon tausendmal nachgesehen und nie Spuren gefunden. Nun, vielleicht sollte sie den Beweis des Augenscheins als endgültig hinnehmen; weshalb auch immer sie hierhergeschickt worden war, Rauschgiftsucht war nicht die Antwort.

Es war der strengste Teil der Bestrafung, daß keiner der Sträflinge wußte, wofür er bestraft wurde.

Eingerahmt an der Wand, über ihrem Messingbett, hing ein Auszug aus ›Vorschriften und Hinweise, Strafkolonie Mars.‹ Sie hatte das Handbuch selbst noch nie gesehen, obwohl es allgemein hieß, der Bewährungshelfer besitze ein Exemplar davon. Aber den Auszug konnte sie auswendig. Jeder konnte ihn auswendig. In fast jedem Raum in der Kolonie hing er eingerahmt:

›Sie sind hier, weil Sie wegen eines Verbrechens angeklagt, für schuldig befunden und verurteilt worden sind. Früher wurden Verbrechen mit Gefängnisstrafen geahndet. Das erfüllte meist nicht seinen Zweck, weil es nicht als Abschreckung gegen eine Wiederholung derselben Tat diente. In den letzten Jahren ist eine Technik zur Löschung von Erinnerungen nach einem bestimmten Datum entwickelt worden – aus technischen Gründen gewöhnlich nach dem 16. Oktober 1979. Kraft des 25. Verfassungszusatzes ist die Grundlage für die Anwendung dieser Methode ins Allgemeine Strafgesetzbuch der Vereinigten Staaten eingefügt worden, und danach sind Sie zur Rehabilitation und Verschickung zur Strafkolonie Mars auf unbestimmte Zeit verurteilt worden. Sie werden von Zeit zu Zeit überwacht, damit eine Einschätzung Ihrer Rehabilitation erfolgen kann. Sobald Sie zur Rückkehr ins normale Leben geeignet sind, bekommen Sie Straferlaß.

Es liegt nicht im Interesse Ihrer Anstrengungen, sich zu rehabilitieren, daß man Ihnen das Verbrechen mitteilt, das zu Ihrer Verurteilung geführt hat. Die Kategorien des Allgemeinen Strafgesetzbuches umfassen jedoch folgende Straftaten:
Mord.
Totschlag in Tateinheit mit einem Verbrechen.
Schwerer Diebstahl, Rückfallbetrug, Unterschlagung – aber nur nach dem dritten Rückfallverbrechen.
Rauschgiftsucht, ohne freiwillige Rehabilitation.
Prostitution (gewerblich).

*

Das war die Liste. Joan kannte sie gut.

Es war eine Auswahl, und eines Verbrechens davon mußte sie sich schuldig gemacht haben. Aber welches war es?

Joan Bunnell starrte lange Zeit ihr Gesicht an und fragte sich, ob das die Augen einer Mörderin waren. Hatte sie einen Ehemann, einen Geliebten umgebracht? Vielleicht ihre Eltern, um deren Vermögen zu erben? Vielleicht sogar ein Kind – *hatte* sie ein Kind gehabt? Konnte sie ein Kind geboren haben, vielleicht einen Jungen, so klein und ernsthaft wie Hardees Kind – und konnte sie, aus Haß oder im Wahnsinn, das Kleine getötet haben?

Es war nicht gerecht, einen Teil ihrer Erinnerung herauszuschneiden und wegzuwerfen.

Joan legte sich auf das Kissen, die geschlossenen Augen auf ihrem weichen Haar am Unterarm. Es war die grausamste aller Strafen, diese Gehirnwäsche, die sie Rehabilitation nannten.

Die Araber hackten eine Hand ab, die alten Engländer einen Finger oder ein Ohr, die Inder rissen ein Auge heraus ... und das war gütiger, viel gütiger; denn das Opfer wußte in diesem Fall wenigstens, was es verloren hatte.

Aber hier war Joan Bunnell, einunddreißig Jahre alt, den Unterlagen im Bewährungsbüro zufolge. Sie erinnerte sich sehr gut an ihre Kindheit in einem Zweifamilienhaus in einem eintönigen Block in Philadelphia. Sie erinnerte sch an die Schule und an den ersten Arbeitsplatz. Sie erinnerte sich an eine Geburtstagsfeier und konnte mit geschlossenen Augen die Kerzen zählen – einundzwanzig.

Sie erinnerte sich an Jahre danach; an Liebesaffären und Abschiede. Sie erinnerte sich, den Mann begehrt zu haben, für den sie arbeitete, und daran, daß er eine andere geheiratet hatte. Hatte sie vielleicht ihn umgebracht? Sie erinnerte sich, daß das Leben voll und kräftig durch Tage voller Banalitäten pulsierte, bis zu einem bestimmten Tag – ja, bis zum sechzehnten Oktober 1979 –, als sie morgens aufgestanden war, sich angezogen hatte, in einem Drugstore gefrühstückt hatte, in die U-Bahn gestiegen war, um zur Arbeit zu fahren ...

Um an einem Ort zu erwachen, wo sie noch nie gewesen war.

Was konnte geschehen sein?

Es gab keinen Hinweis darauf, abgesehen von dem eingerahmten Auszug an der Wand und dem Gerede der anderen Sträflinge.

Wie sie waren sie erwacht; wie sie hatte man sie endlos befragt; wie sie waren sie eingesperrt worden. Und wie sie hatte man sie mit einer Binde um die Augen in ein Flugzeug gesteckt – und hier freigelassen.

Sie wußten, daß sie ein Verbrechen begangen hatten. Natürlich. Deshalb waren sie ja alle hier.

Aber was für ein Verbrechen?

Wie viele Jahre waren aus ihrer Erinnerung gestrichen?

Joan lag auf dem Kissen, zu müde zum Weinen; sie hatte keine Tränen mehr.

Nach einer Weile, gerade als sie am Einschlafen war, hörte sie fernes Motorengeräusch, das näher kam.

Sie stand auf, zog die Jalousien hoch, die Licht und Hitze ferngehalten hatten, und schaute zum Fenster hinaus.

Ein silbriges Flugzeug flog von Westen her niedrig über den Sandbergen heran. Es kreiste nicht, suchte nicht nach einem Wartekurs; es kam herein und sank nieder, fuhr die Landeklappen aus und landete auf dem plattgewalzten Sandstreifen.

Joan, die nun nicht mehr schläfrig war, zog sich an. Das Flugzeug bedeutete Nachschub – vielleicht neue Kleidung, und die konnte sie gebrauchen; vielleicht Spielzeug, das sie für Hardees Sohn besorgen konnte. Vor allem mochte die Maschine ein paar neue Insassen für die Kolonie bringen.

In langer Hose, Bluse und breitrandigem Sonnenhut eilte sie mit vielen anderen zu dem gebrechlichen, alten Flugzeug.

Wakulla war in der Stadt geblieben – nicht einmal der Sohn polnischer Bergarbeiter durchquert die Wüste, wenn er eineinhalb Flaschen Whisky getrunken hat.

»Ich muß die Leute sehen«, sagte er heiser und mit schmerzlichem Grinsen. »Ich muß sehen, wie ein freier Mann aussieht, für den Fall, daß sie mich jemals hier 'rauslassen.«

»Das tun die nie«, murmelte jemand, und Joan lief davon, als Wakulla seinen kantigen Schädel hob und nach dem Sprecher ausspähte. Sie wollte keinen Ärger.

Der Bewährungshelfer kam hastig heran, eifrig keuchend zum großen Augenblick seines Daseins.

»Aus dem Weg!« rief er mit schwankender Stimme. »He, weg da! Aus dem Weg, Saunders! He, lassen Sie mich durch, Tavares! Los! Bitte!«

»Laßt den Bewährungshelfer durch!« schrie Wakulla, der den Murmler schon vergessen hatte. »Los, Tavares, alter Knochenhaufen!«

Die drei putternden Propeller des Flugzeugs husteten und spuckten und blieben stehen. Tavares und zwei andere Männer schoben eilig eine Metalltreppe auf Rädern durch den Sand zu der Maschine, als die Tür ruckte und dann aufflog.

Sogar Joan Bunnell, die von technischen Dingen nichts verstand, war nicht an den Anblick einer dreimotorigen Ford in der dünnen Marsluft gewöhnt. Dieser Wellblechrumpf, diese alten Holzpropeller waren Requisiten aus einem alten Film, durchaus nichts, was man jemals in der Luft zu sehen erwartete – nirgendwo. Gewiß, manche Männer sprachen klug davon, daß die alte Ford seinerzeit ein großartiges Flugzeug, ein Rekordhalter gewesen sei, und sie behaupteten, daß Fluglinien Jahrzehnte hindurch in entlegenen Gebieten mit der Ford einen Flugdienst aufrechterhalten hatten – aber auf dem Mars?

Aber da war es, wie schon immer für sie alle – das Flugzeug, in dem jeder von ihnen hier eingetroffen war. Mit der Zeit hatte das Staunen nachgelassen, war untergegangen in der größeren, besonderen Verwunderung von ihnen allen, in der unaufhörlichen Frage: Was habe ich getan, daß sie mich hierhergeschickt haben?

Die Tür des Flugzeugs öffnete sich knarrend, fing die grelle Sonne ein und sandte blendende Strahlen in die Gesichter der

Kolonisten. Hinter dem Glanz schob ein Mann seinen Kopf heraus – einen alten, hageren Kopf.

»Guten Tag, Mr. Griswold!« rief der Bewährungshelfer mit hoher, dünner Stimme. Er winkte wild. »Hier bin ich, Mr. Griswold!«

Das war der Augenblick des Bewährungshelfers. Abgesehen davon war er niemand – nicht einmal in der Kolonie gehirngelöschter Verbrecher, nirgends. Alle seine Tage und Nächte in der Strafkolonie waren gleich; sie bestanden zum Teil aus Buchhalterroutine, zum Teil aus Archivarbeit, zum Teil hatten sie gar keine Gestalt. Sie verdienten wenig Respekt von anderen und ernteten keinen – alle diese Tage. Aber an den wenigen, sehr seltenen Tagen, an denen die Transportmaschine kam, war er es, der Bewährungshelfer, mit dem Mr. Griswold sprach.

Mr. Griswold kam jedesmal mit dem Flugzeug. Mr. Griswold war der einzige Mann, den sie kannten, der in die Freiheit zurückkehrte. Der Bewährungshelfer war das Bindeglied zwischen der Kolonie und Mr. Griswold – und durch ihn mit dem Rest vom Mars und mit jenem unvorstellbaren, fernsten aller Träume, mit der Erde, dem Zuhause.

»Hallo«, murmelte Griswold mit schwacher Stimme. Er stand da, hager und in der Sonne blinzelnd, und nickte dem Bewährungshelfer zu. »Ich habe ein paar neue Esser mitgebracht«, sagte Griswold und grinste die Ruine eines Lächelns, so als habe er einen Witz machen wollen, könne aber nie wieder lachen.

Joan Bunnell drängte sich näher, obwohl sie Griswold nicht mochte und sich gewöhnlich instinktiv von ihm fernhielt. Jedesmal wenn Joan ihn sah, schien er um Jahrzehnte gealtert zu sein, wirkte er stärker von Dämonen gehetzt als vorher. Sie kannte sein Alter genau, weil sie sich an ihn von ihrem eigenen Flug zur Kolonie erinnerte, drei Jahre zuvor. Er war damals um die Fünfzig gewesen ... konnte jetzt kaum fünfundfünfzig sein ... aber er sah mindestens wie siebzig aus.

Seine Hände zitterten, seine Stimme schwankte, sein Gesicht war ein einziger Widerstreit zuckender Muskeln und blinzelnder Augen. Drogen? Alkohol? Unheilbares Leiden? Das konnte es alles eigentlich nicht sein, dachte Joan, aber wenn es sein Beruf war, der ihn so hinfällig und schwach machte, dann mußten die Arbeitsbedingungen außerhalb der Strafkolonie noch schlimmer sein als hier.

Und da war noch etwas. Mr. Griswold verließ nie das Flugzeug.

In den drei Jahren, die Joan nun schon hier war, wartete sie immer noch darauf, daß er die Metalltreppe hinunterstieg zum Boden.

Da Griswold die Treppe nicht hinunterging, keuchte der Bewährungshelfer eifrig und gewichtig hinauf.

Einen Augenblick lang unterhielten er und Griswold sich leise an der Tür der Kabine des alten dreimotorigen Flugzeugs.

Dann trat der Bewährungshelfer zur Seite.

»Lassen Sie sie heraus, bitte!« sagte er. »Die Neuen sollen herunterkommen!«

Fünf Männer und Frauen verließen hintereinander die Maschine und starrten ungläubig, mit zusammengekniffenen Augen, auf die sonnenüberflutete Szene.

Wakulla entdeckte eine der Frauen und stieß einen tierischen Freudenschrei aus.

»Die ist für mich!« Das hatte eigentlich beiseite gesprochen sein sollen, aber seine Stimme eignete sich nicht für Bühnengeflüster. Er grinste die Frau an; plötzlich malte sich Erstaunen auf seinem Gesicht.

Er war nicht der einzige. Man hielt den Atem an.

»Sie hat ein Kind dabei!« rief eine der Frauen neben Joan Bunnell. Joan riß die Augen auf. Das war sehr merkwürdig – und sehr selten und kostbar. Es gab vier Babys in der Kolonie, die dort geboren waren – drei ehelich, beim vierten bestanden Zweifel. Aber dies war ein Mädchen von fünf oder sechs Jahren, kein Neugeborenes. Dafür gab es fast keinen Präzedenzfall – das einzige andere Kind, das in die Kolonie *gebracht* worden war, war Hardees Junge.

Ein Dutzend Hände half der Frau mit dem Kind die Treppe hinunter. Man führte sie mit den anderen über den heißen Sand zum Obdach.

Joan warf einen Blick auf das Flugzeug. Tavares' Leute begannen bereits Kisten auszuladen. Schon wurden die verschnürten Säcke voll Zitterkäfer auf Schubkarren herangefahren, um verladen zu werden, zur Rückkehr – wohin? Keiner hatte es je verraten. Vielleicht zur Erde. Vielleicht auch nicht.

Die Verglasung am verbeulten Bug der dreimotorigen Maschine schimmerte undurchsichtig.

Joan betrachtete sie und wandte den Blick ab – da war nichts; sie konnte nie in die Kanzel sehen; noch niemand hatte es gekonnt. Hinter der glitzernden Windschutzscheibe saßen zweifellos Pilot und Kopilot – denn Griswold war sicherlich kein Flieger, nicht mit dem Tic und diesen Augen. Aber die Piloten hatte sie nie gesehen, nicht einmal, als sie selbst zur Fracht der Maschine gehört hatte. Und sie rechnete auch jetzt nicht damit, sie zu sehen.

Aber irgend etwas ließ sie nicht los.

Sie blickte wieder hin, und ihre Augen hefteten sich auf den alten Dom Tavares, der beim Verladen hätte helfen sollen und statt dessen in seltsam angespannter Haltung dastand und auf die offene Tür starrte.

Joan versuchte etwas zu erkennen, aber es war schwer, in der grellen Sonne die schwarzen Schatten zu durchdringen. Da war Griswold, da war der Bewährungshelfer – jedenfalls zwei Schatten. Und der größere, breitere Schatten reichte dem hageren, gebeugten Schatten etwas – was wie ein Lumpen oder ein altes Kleidungsstück aussah; sie sprachen darüber.

Joan zögerte, fragte sich, ob es sich lohnte, darüber nachzudenken.

Aber da waren die Neuen – neue Gesichter in einer Welt, in der alle anderen so altvertraut waren.

Und Tavares wurde in letzter Zeit wirklich ein bißchen merkwürdig in seiner Art. Das wußte jeder.

Sie drehte sich um, schob beiseite, was Tavares beschäftigen mochte, und eilte den Neuankömmlingen nach, als sie in den Erholungsraum geführt wurden.

Bei Tag war das ›Flotteste Nachtlokal auf dem Mars‹ noch weniger attraktiv als bei Nacht.

Die vergangene Nacht war durchgefeiert worden; die Spuren sah man überall: umgeworfene Stühle, verschütteter Alkohol, der Schmutz von zwei Dutzend Männern. Niemand hatte sich die Zeit genommen, aufzuräumen – das erledigte man später, gewöhnlich in der nachlassenden Hitze des Nachmittags –, und die Neuen schauten sich angeekelt um.

»Sie sind sehr jung«, flüsterte jemand Joan zu. Sie nickte. Eine der Frauen war von mittlerem Alter, aber die Frau mit dem Kind konnte erst Anfang Zwanzig sein. Und von den Männern war einer fast noch ein Knabe.

Er war ein blonder Bursche, die Augen violett und unschuldig, mit einem Gesicht, das noch glatt und bartlos war. Was, fragte sich Joan, konnte ihn hierhergebracht haben? Oder was für ein Verbrechen hatte die schlampig aussehende, dicke, kleine Frau begangen, die sich so angstvoll umsah?

Die Kolonisten hatten nur Augen für die neuen Frauen – voran Wakulla, der sich mit der ungeschickten Höflichkeit eines Affen um sie bemühte.

»Einen Stuhl!« schrie er. »Einen Stuhl für die Dame!« Und er riß Joan einen Stuhl aus der Hand. »Ich nehme das Kalb, damit ich an die junge Kuh 'rankomme«, flüsterte er heiser, mit übertriebenem Augenzwinkern, und schob den Stuhl polternd zu dem Mädchen mit dem Kind. Sie starrte ihn angstvoll an.

Joan versuchte im Hintergrund zu bleiben und den Neuen Platz zu lassen.

Sie konnte sich lebhaft vorstellen, was sie empfanden; sie erinnerte sich; sie konnte in ihren Augen lesen und wußte, was sie dachten.

Die Fremdartigkeit ihrer Umgebung.

Der plötzliche Schock. Denn es war stets ein Schock, darin waren sich alle einig; in der einen Minute ging man seinen Angelegenheiten nach, in der nächsten erwachte man irgendwo anders. In einem fremden Irgendwo, entfernt in der Zeit – in einem Zimmer mit weißgekalkten Wänden, ein paar nervöse Ärzte und Krankenschwestern um sich ... und dann kam hastig ein angespannter und besorgt wirkender Mann in Uniform herein, um mit einem zu sprechen und zu erklären, daß man ein Verbrecher geworden sei, in einem Leben, das nun in der Erinnerung ausgelöscht war, und daß man sich auf dem Mars befand, unterwegs zu einer Strafkolonie. Schock? Es war ein Wunder, daß er sich nicht als tödlich erwies. Für manche war er es vielleicht gewesen; niemand wußte das zu sagen.

Aber mehr als dies alles bedeutete die Ankunft. Nachdem der erste Schock abgeklungen war und man sich mit der Tatsache abgefunden hatte, daß einem sein ganzes Leben auf irgendeine Weise in das eines Verbrechers verkehrt worden war – nachdem man mit einer Binde vor den Augen in das ratternde alte Flugzeug geschoben und fensterlose Stunden lang über die unsichtbare Marswüste hinweggeflogen worden war – die Ankunft.

Sie war schlimm.

Denn in der Menge erhob sich stets dieselbe unsichere, verschämte Frage: Weiß der da, wer ich bin? Und der andere dort – warum grinst er so? Weiß er, was ich getan habe? Und was hat er selbst getan, um hier zu landen?

Niemand kam darüber jemals ganz hinweg.

Aber die ersten Tage waren die ärgsten, bevor man sich an die Qual gewöhnte.

Die Hitze trommelte auf sie ein. Die Frau mit dem Kind lehnte sich mit blassem Gesicht an die Stuhllehne und reagierte, halb ängstlich, halb verächtlich auf Wakullas Galanterie. Das kleine Mädchen beobachtete alles stumm, einen Daumen im Mund, die andere Hand in den Rock ihrer Mutter gekrallt.

Der Junge redete – er hieß Tommy und hatte ihnen erklärt, daß er siebzehn Jahre alt sei.

»Das hat man jedenfalls *mir* gesagt«, meinte er mit einer mühevollen Anstrengung, erwachsen und selbstsicher zu erscheinen. Seine Stimme klang leise und weich, die Stimme eines kaum Siebzehnjährigen. »Aber – ich kann mich nicht erinnern. Wirklich nicht. Das letzte, was ich noch weiß – da war ich zwölf!«

Zwölf! Joan gab einen erstickten Laut von sich; sie hätte ihn beinahe getätschelt, obwohl er größer war als sie. Zwölf! Was für ein Verbrechen konnte er mit zwölf Jahren begangen haben? Selbst mit siebzehn war das Ganze lächerlich! Aber irgendwo hatte dieses Kind fünf Jahre verloren.

Sie versuchte es ihm zu erklären: »Du mußt etwas getan haben, Tommy. Vielleicht bist du in der Schule in die falsche Clique geraten – wer weiß? Auf jeden Fall bist du auf die schiefe Bahn gekommen. Dafür schicken sie die Leute hierher, weißt du. Das neue Gesetz verlangt es so. Statt jemanden ins Gefängnis zu stecken und ihn dort zu behalten – das wäre Vergeudung, verstehst du, und grausam –, löscht man den Teil des Gehirns, in dem sich die verbrecherischen Impulse befinden. Sie löschen das Gedächtnis, bis sie zu einem Teil kommen, der rein und unverseucht ist, der nicht nur der Zeit angehört, bevor das Verbrechen begangen wurde, sondern noch weiter zurückreicht – lange vor dem Augenblick, wo der erste Samen des Verbrechens gesät wurde. Deshalb weiß keiner von uns, was wir getan haben. Man hat das aus uns entfernt. Wir haben eine zweite Chance bekommen. Wir sollten dankbar dafür sein.«

Sollten sie das wirklich? Es war die alte Frage; sie schob sie beiseite.

»Und dann«, fuhr sie fort, »nachdem sie unsere Erinnerung gereinigt und uns auf den richtigen Weg zurückgebracht haben, schicken sie uns hier herauf. Auf den Mars. Das ist eine Kolonie, wo wir versuchen können, uns neu zurechtzufinden und –« Sie zögerte. Und was? »Und ins normale Leben zurückzukehren«, schloß sie mit Nachdruck, obwohl noch immer die gnadenlose

Mahnung ihres Gedächtnisses blieb, daß niemand je hatte zurückkehren dürfen. »Es ist gar nicht so schlimm, Tommy«, versprach sie ihm.

Er schien nicht überzeugt zu sein.

Jemand rief ihren Namen.

»Joan! Joan, kommen Sie her, bitte!«

Es war der alte Tavares. Er stand unter der Tür, mit fahlem, fleckigem Gesicht, trotz der dunklen Färbung durch die Sonne.

Sie drehte sich um und eilte zu ihm. Hitzschlag, dachte sie sofort. Das war nichts Ungewöhnliches, vor allem, wenn ein so alter Mann wie Tavares in der grellen Sonne arbeiten mußte.

Aber er packte sie fieberhaft bei der Hand und zog sie hinauf auf die sonnenüberflutete Straße.

»Joan«, flüsterte er stockend, während das Entsetzen aus seinen Augen blickte. »Joan, können Sie sich einen Jeep borgen?«

»Tja – ich denke schon. Aber –«

»Bringen Sie mich zu Hardee«, flehte er. Sein faltiges, altes Gesicht zuckte vor Angst; seine trockene, heiße Hand quetschte die ihre. »Schnell! Wir brauchen Stunden für die Fahrt. Und die haben wir vielleicht gar nicht, weil sie mit der Maschine fliegen können! Schnell, um seinet- und um Ihretwillen!«

Joan sagte ruhig: »Jetzt mal langsam, Dom. Sie sind aufgeregt. Setzen Sie sich einen Augenblick.« Sie versuchte ihn in das Lokal zurückzuführen. Sie hatte die Anzeichen bemerkt, warf sie sich vor, als er sich am Flugzeug so merkwürdig benommen hatte; sie hätte gleich etwas tun müssen. Armer alter Mann! »Kommen Sie, Dom«, drängte sie. »Ich bringe Ihnen ein Glas kühles, frisches Wasser, und –«

»Schnell!« Er stemmte sich mit den Beinen dagegen, überraschend stark, und brachte sie zum Stehen. Seine Augen wirkten entsetzt; sie zuckten an ihr vorbei zum Flugzeug. »Sie verstehen mich nicht, Joan! Der Bewährungshelfer hat Griswold von dem Fremden erzählt, nicht?«

»Von welchem Fremden?« wiederholte sie.

»Dem Toten, Joan! Ich habe sie mit dem Overall gesehen, und da wußte ich Bescheid. Ich ging hin und lauschte; ja, er hat Griswold davon erzählt. Und Griswold war außer sich! Natürlich. Beeilen Sie sich, Joan!«

»Tja, mal sehen«, meinte sie zweifelnd. »Sie wollen zu Hardee hinausfahren? Wakulla wohnt nicht weit von ihm entfernt. Ich kann ihn vermutlich dazu überreden, uns mitzunehmen, obwohl er jetzt nur an die neue Frau denkt. Die Tageszeit ist sehr ungünstig, aber –«

»Schnell!«

Die Panik in seiner Stimme drang endlich zu ihr durch. Nun gut, dachte sie, warum nicht? Mit Wakulla würde sie fertig werden – selbst angesichts der ständigen Gefahr eines überkochenden Motors, einer Panne, dem natürlichen Risiko, das man einging, wenn man im Sommer bei Tageslicht durch die Sandwüste fuhr. Aber Tavares ließ ihr keine Wahl. Trotzdem protestierte sie noch einmal.

»Hat das nicht Zeit, bis es Nacht wird, Dom? So ernst kann es doch gar nicht sein. Was ist schließlich an einem Fremden so Gefährliches? Das war wohl nur ein Mann, der sich in der Wüste verirrt hatte – allenfalls ist er aus einem anderen Straflager entflohen, irgendwo auf dem Mars, aber das heißt doch noch lange nicht –«

»Mars!« zischte Tavares wild. Er drückte krampfhaft ihren Arm. »Joan, verstehen Sie denn nicht? All diese Jahre – und Sie glauben immer noch, das sei der Mars?«

4

Hardee erwachte schlaftrunken, als der Junge rief: »Papi! Da kommt jemand!«

Es war erst gegen Mittag.

Hardee schwang sich, noch halb im Schlaf, aus dem Bett. Seine Augen schmerzten. Er wankte zum Fenster und öffnete die Läden.

Grelles Licht drang herein. Er blinzelte geblendet. Die Sonne stand senkrecht am Himmel. Der Junge hatte recht; ein Jeep näherte sich. Noch war der Wagen weit entfernt, aber Hardy konnte das leise Heulen und den Widerhall des Motors hören, als der Fahrer schaltete und den Jeep um die schlimmsten Buckel herumlenkte, bemüht, eine Überhitzung zu vermeiden. Jemand fuhr um diese Tageszeit durch die Wüste!

Es muß eine dringende Fahrt sein, dachte er, während er sich rasch anzog Er konnte nicht erkennen, wer es war, nicht in dem blendend-weißen Licht, aber als er Hemd und Hose anhatte und hinuntergehen konnte, vermochte er Stimmen zu hören. Tavares und Joan Bunnell – und sein Sohn, der sie freudig begrüßte.

»Tante Joan!« Chuck plapperte aufgeregt – es war ein großer Tag für ihn, wenn Besuch kam. »Schau, was mir Papi mitgebracht hat, Tante Joan! Einen Traktor! Und schau, ich kann mit Alice und Alfie eine Farm machen – siehst du? Das ist mein Traktor, und Alice und Alfie sind die Kühe!« Alice und Alfie waren seine Lieblingszitterkäfer. Hardee hatte sie zusammen mit anderen gefangen, aber sie waren nicht groß genug, so daß er sie dem Jungen gegeben hatte, damit er mit ihnen spielen konnte, als seien es Kätzchen oder junge Hunde.

Hardee nickte wortlos und ging die Treppe hinunter. Das Kind schob die stillen Zitterkäfer mit dem Traktor am Boden herum und jauchzte vor Freude. In dem gefilterten, abgeschirmten Licht, das in das Haus drang, besaßen die Zitterer gerade genug Energie, um zu versuchen, vor ihm davonzukriechen.

Joan starrte Hardee an, begann zu sprechen, nahm sich zusammen. Sie ergriff den Arm des Jungen.

»Chuck«, sagte sie, »paß auf. Wir müssen mit deinem Vater sprechen. Geh hinaus und spiel draußen, bitte.«

Er stand auf, mit geweiteten, verstörten Augen.

»Ach, laß mich doch hier bleiben, Tante Joan! Mein Traktor –«

»Bitte, Chuck!«

Er sah zu seinem Vater auf, zögerte und ging zur Tür. Dort blieb er stehen und sah Wakulla und Tavares an. Selbst sein kindlicher Verstand begriff, daß es ungewöhnlich war, sie hier zu sehen.

Dann entsann sich Chuck der Höflichkeit und sagte: »Guten Tag, Mr. Tavares. Guten Tag, Mr. Wakulla.« Er zögerte und erinnerte sich an einen weiteren Zauberspruch: »Mach dir keine Sorgen, Papi«, rief er. »Ich bleibe ganz bestimmt im Schatten.«

Joan Bunnell sagte schmerzgequält: »Schatten gibt es nicht. Paß auf.« Sie warf Wakulla einen Blick zu. »Spiel lieber in Mr. Wakullas Jeep. Tu so, als könntest du ihn ganz allein fahren.«

»Huiii!« Der Junge jubelte. Er ließ Traktor und Zitterkäfer fallen, riß die Tür auf und sprang hinaus in den Sand.

Sonnenlicht flutete herein.

Einer der Käfer – man konnte sie nicht auseinanderhalten, dazu war nur der Junge fähig –, lag genau im Weg der Sonnenstrahlen. Es gab ein plötzliches knirschendes Knallen von überspringender Energie, als der Käfer von dem Licht getroffen wurde, das ihn nährte; wie eine losgelassene Feder schnellte das kleine, spinnenartige Metallwesen herum, sprang zur Tür hinaus und war verschwunden.

Es war, als sei ein Meteorit durch den Weltraum geflogen, blitzschnell und glitzernd.

Hardee schloß die Tür hinter ihm und sah die anderen an.

»Was ist los?« fragte er.

Der alte Tavares sank auf einen Stuhl.

»Der Fremde«, krächzte er. »Der Bewährungshelfer hat Griswold von ihm erzählt, und jetzt wird es Ärger geben. Wir haben es nämlich mit einer Lüge zu tun, Hardee. Dies ist nicht der Ort, von dem man uns erzählt hat. Wir sind nicht auf dem Mars; wir sind keine Verbrecher. Und für diese Lüge muß es einen Grund geben. Welchen? Ich weiß es nicht, aber derjenige, der die Lüge verbreitet, wird sie aufrechterhalten wollen.« Er beugte sich vor. »Es kann Ihr Leben kosten, Hardee! Andere sind gestorben, und, wie ich glaube, aus demselben Grund – Sie sind in Gefahr, und mit Ihnen wir alle, wegen der Dinge, die Sie uns mitgeteilt haben!«

Hardee schüttelte den Kopf. Er war noch immer halb im Schlaf. Die Welt war noch nicht scharf umrissen; er war betäubt von Hitze und Schlaf, und nichts ergab einen Sinn.

Er sagte gepreßt: »Wovon, zum Teufel, reden Sie, Tavares?«

»Ich rede vom Tod!« sagte der alte Mann. Dann verstummte er, und auf seinem Gesicht zeigte sich plötzliche Angst. »Hören Sie!«

Draußen ein Geräusch. Ein Motor. Nein – mehr als einer.

»Da kommt jemand«, meinte Hardee. »Ein Jeep?«

»Der Tod kommt«, schluchzte Tavares. »Das ist kein Jeep, Hardee. Es ist das Flugzeug, und es holt Sie!«

Sie liefen zur Tür und rissen sie auf.

Es kam aus dem Osten, wie fernes, zorniges Summen von Hornissen, das Geräusch der dreimotorigen Ford.

»Da ist sie!« rief Joan. »Schaut, über den Dünen!«

Sonnenlicht glänzte an einer Tragfläche auf. Es war tatsächlich das Flugzeug, kaum zweihundert Meter hoch. Es flog mehr seitwärts, eher in Richtung von Wakullas Unterkunft; der Pilot kannte sich offenkundig nicht gut aus.

Aber ebenso klar war, daß es nicht lange dauern konnte, bis man sich zurechtfand.

»Los!« sagte Hardee und stürzte zur Tür hinaus. Wovon Tavares auch immer reden mochte, Panik und Verzweiflung des alten Mannes hatten ihn berührt. »Wir müssen uns verstecken! Wakulla, kennst du die alte Grubenhütte? Schnell!«

Hardee packte seinen Sohn und rannte zu seinem eigenen Jeep, überließ es den anderen, ihm mit Wakullas Jeep zu folgen.

Die Hitze war mörderisch. Bevor sie hundert Meter zurückgelegt hatten, stieg der Anzeiger des Kühlwasserthermometers; hundert Meter weiter hatte er den Anschlag erreicht. Hardee konnte den Motor aber nicht schonen, nicht, wenn das Flugzeug bereits auf sie umschwenkte. Es mochte bereits zu spät sein; es war durchaus möglich, daß das Flugzeug sie entdeckt hatte. Aber es bestand wenigstens die Möglichkeit, daß das nicht der Fall war. Eine von der

Sonne überglänzte Wüste ist nicht leicht zu überblicken, und Sonnenlicht gab es genug.

Neben ihm sah der kleine Junge verwundert zu seinem Vater auf und schwieg.

»Alles in Ordnung, Chuck«, sagte Hardee automatisch. Gar nichts war in Ordnung. Keine Spur.

Aber dem Jungen genügte es. Er drehte sich herum, kniete rückwärts auf dem Sitz und schaute zum Rückspiegel hinaus.

»Sie holen uns ein, Papi!« rief er fröhlich. »Mach schnell! Wir packen sie!«

Selbst bei dieser Hitze, trotz Sorge und überwältigender Müdigkeit, vermochte Hardee noch Zärtlichkeit und Stolz für sein Kind zu empfinden.

An dem verlassenen alten Bergwerk zog Hardee den Jeep in scharfem Bogen zur Hütte. Er hielt unter dem schiefhängenden Schild ›Joes Schacht Nr. 1 zur letzten Hoffnung‹. Wakulla fuhr neben ihm heran und zwängte sich mit darunter.

Sie stiegen aus und starrten mit zusammengekniffenen Augen zum feindseligen, grellen Himmel hinaus.

»Bleibt hier!« sagte Hardee. »Wenn sie uns gesehen haben –«

Aber das Flugzeug hatte sie offenbar nicht bemerkt.

Sie konnten die Maschine deutlich sehen, als sie über den Dünen herabsank. Sie machte Hardees Haus aus, legte sich auf die Seite und umkreiste es zweimal, flog in die Wüste hinaus, kam zurück und landete holpernd auf dem unebenen Sand.

Es war eine schwerfällige Landung, aber gut genug bei Treibsand. Ein Reifen hätte platzen, ein Rad abknicken können, aber nichts dergleichen geschah. Die Maschine hatte Glück, die versteckten Flüchtlinge nicht; sie würden nicht durch einen Absturz, der ihre Verfolger vernichtete, gerettet werden.

Das Flugzeug kam zum Stehen, etwa eine Viertelmeile vor dem Haus, aber außerhalb ihrer Sichtweite. Die Motoren erstarben.

Sie warteten.

»Was nun?« fragte Wakulla zornig. Er war von einer Frau weggeholt worden, und man hatte ihn gezwungen, im Rausch durch den heißen Sand zu holpern, und man sprach von einer Gefahr, die er nicht begriff. Er ärgerte sich.

Hardee kletterte wortlos auf das Dach des alten Schuppens. Er reckte sich und schaute zu seinem Haus hinüber.

»Kann nichts sehen«, rief er hinunter. »Ich sehe nicht einmal das Haus. Möchte wissen, was sie treiben.«

»Kommen Sie herunter«, sagte der alte Tavares müde.

Er setzte sich in den Sand, den Rücken an die verwitterte Bretterwand gelehnt, die Augen halb geschlossen, aber nicht vor Müdigkeit. Die Hitze war sehr groß, vor allem für einen Mann von Ende Sechzig, erst recht für einen Mann, der vier Jahre in ungeheurer Angst verbracht hatte und nun erlebte, wie seine Ängste ihm ins Gesicht explodierten.

»Treiben?« wiederholte Tavares erschöpft. »Ich will Ihnen sagen, was sie treiben. Sie suchen.« Seine Stimme kam kaum über ein Flüstern hinaus in der vollkommenen Stille der heißen Wüstenluft. »Sie sehen, daß Ihr Jeep nicht da ist, aber sie durchsuchen Ihr Haus. Sie stellen fest, daß Sie nicht zu Hause sind. Das erfordert wenig Zeit; es gibt ja nicht viel zu durchsuchen.«

»Stimmt«, sagte Hardee rauh und ließ sich neben ihm auf den Sand fallen. »Und was werden sie dann tun?«

Der alte Tavares öffnete die Augen. Er blickte auf den Sand hinaus.

»Dann werden sie, glaube ich, mit dem Flugzeug wieder starten und die ganze Wüste nach Ihnen absuchen. Sie werden sich ausrechnen, daß Sie aus der Luft leicht zu sehen sein müßten. Aber –« er machte eine Pause und dachte nach. »Ja«, sagte er, »für diesen Zweck ist das Flugzeug nicht gut geeignet, und außerdem werden sie Hilfe brauchen, weil sie Sie nicht verfehlen dürfen. Also wird man noch andere herbeirufen.«

»Andere Flugzeuge?« fragte Joan. »Ich habe noch nie ein anderes gesehen.«

»Das werden Sie«, meinte Tavares traurig. »In einer Stunde vielleicht oder in zwei Stunden werden viele Flugzeuge am Himmel sein. Aber schon viel früher wird das Flugzeug vor Hardees Haus nach uns suchen.«

Draußen hinter der Hütte stand das leere Holzkreuz, lag das flache Grab, wo Hardee den Fremden verscharrt hatte. Tavares betrachtete es sehnsüchtig.

»Wenn er am Leben wäre, könnten wir vielleicht etwas erfahren«, flüsterte er.

»Wir könnten ihn ja ausgraben«, knurrte Wakulla.

Joan gab einen schwachen Laut von sich.

»Bei dieser Hitze? Nach fast einer Woche?«

Hardee schüttelte den Kopf.

»Nein, wir graben ihn nicht aus. Nicht wegen der Hitze – es ist trocken, Joan; inzwischen ist er sicher schon eine halbe Mumie. Aber ich habe ihn hineingelegt, und ich weiß, was ich begraben habe. Er hat nichts an als zerlumpte Shorts und Schuhe. Nichts, was uns etwas verraten würde.« Er wies auf die Hügel im Umkreis. »Von dort kam seine Spur. Ich bin ihr nicht gefolgt, und der Wind hat sie ausgelöscht, aber von dort kam sie.«

»Egal«, sagte Tavares mit der Ruhe der Resignation. »Es ist zu spät für alle diese Dinge.« Er nickte in die Richtung, wo das Flugzeug gelandet war.

»Glauben Sie, daß uns die Ärger machen wollen?« fragte Wakulla.

»Glauben?« Tavares sah ihn mit trüben Augen an und blickte wieder auf den heißen, trockenen Sand. »Ich glaube es nicht, ich weiß es. Schaut hin.«

Eine Flamme zuckte auf, beinahe unsichtbar vor dem grellen Himmel, umrandet von Metallfetzen, Sand und nichtidentifizierbaren Bruchstücken. Rauch stieg auf.

»Sie gehen kein Risiko ein«, sagte Tavares langsam. »Sie haben Sie gesucht, und als Sie sie nicht fanden, haben sie Ihr Haus zerstört – Sie konnten sich ja irgendwo versteckt haben, wissen Sie. Aber jetzt werden sie weitersuchen.«

Einen Augenblick später drang der Knall der Explosion zu ihnen.

Der Kleine begann zu weinen.

5

Der Himmel war voll Flugzeuge, voll leichter Hochdecker, die das Wüstengebiet in Sektorstreifen zerhackten und an ihnen entlangpatrouillierten, suchend, forschend; Hubschrauber, die hin- und herzuckten.

»So viele Flugzeuge habe ich noch nie gesehen«, hauchte Joan Bunnell, einen Arm um den Jungen gelegt. Chuck war entzückt, so aufgeregt, daß er vergaß, sich zu ängstigen; auch er hatte noch nie so viele Flugzeuge gesehen, hatte kaum für möglich gehalten, daß es so viele gab.

Den ganzen Nachmittag lagen sie so in der nachlassenden Hitze, während die Suchflugzeuge den Himmel kreuzten. Wakulla wirkte zunächst zornig, dann verwirrt, schließlich verächtlich.

»Dumm!« sagte er. »Warum folgen sie nicht unseren Spuren? Wenn ich da oben wäre, hätte ich die Jeeps in zehn Minuten gefunden!«

Tavares hob die Schultern. Er war sehr schweigsam; offenbar schien er nichts sagen zu wollen. Hardee und die anderen drangen immer wieder mit Fragen in ihn ein, aber er schüttelte nur den Kopf. Die Hitze ermüdete. Selbst unter dem Druck, der auf ihnen lastete, lullte sie sie ein, betäubte sie . . .

Hardee wurde wach, und es war eine kalte, helle Nacht.

Die Sonne war untergegangen.

Über ihm fluteten die Sterne über den Himmel. Während er hinaufschaute, schwebte ein größerer Stern – nein, kein Stern; der zweite Mond – in großem, weitem Bogen zum östlichen Horizont, stahlblau und vertraut. Hardee kniff verwundert die Augen zusammen. Wenn dies nicht der Mars war, was hatte dann dieser kleine Mond am Himmel zu bedeuten?

Er weckte die anderen.

Die Flugzeuge waren verschwunden, in der Wüste herrschte Stille. Sie krochen hinaus, stiegen in ihre Jeeps und fuhren zurück zu dem zerstörten Haus.

Zweihundert Meter davor hielten sie an.

Ein schwaches, rotes Glühen und schwärzlicher Rauch verrieten, wo die Ruine noch glomm. Hardee hielt den Atem an und berührte Tavares' Schulter.

»Da«, flüsterte er.

Im Sternenlicht glitzerte Metall. Es war eine Tragfläche des alten, dreimotorigen Fordflugzeugs.

Die Maschine stand noch da!

Einen Augenblick lang erfaßte sie Panik, aber sie hörten kein Geräusch außer ihrem eigenen Atem und dem metallischen Knakken aus der glimmenden Ruine des Hauses.

Der Junge, stumm und schläfrig, regte sich neben seinem Vater.

»Mein Traktor«, lallte er und verstummte. Es gab keinen Spielzeugtraktor mehr. Es gab kein Haus mehr. Nur das glühende Metall und der geschmolzene Kunststoff waren noch übrig.

Tavares sagte mit schwankender Stimme: »Ich glaube, sie konnten mit der Maschine nicht mehr starten. Wir haben Hubschrauber gesehen, vielleicht haben sie die Mannschaft an Bord genommen. Der Sand ist für Flugzeuge hier zu tief.«

»Vielleicht ist es eine Falle!« brummte Wakulla.

»Ja, vielleicht«, flüsterte Tavares.

»Wir haben keine Wahl«, meinte Hardee. »Sehen wir uns um.«

Vorsichtig rollten sie mit den Jeeps heran. Hardee stieß mit dem Wagen zum Wellblechrumpf und der offenen Tür des Frachtraums zurück; Wakulla hielt in zehn Meter Entfernung und blendete die

Scheinwerfer auf. Sie kletterten auf den Kühler von Hardees Jeep und schauten hinein.

Klirrende Kristallglocken wisperten in ihren Ohren.

Im Licht von Wakullas Scheinwerfern ein metallisches Scharren zuckender Gelenkbeine, gleitender, knackender Körper; der Frachtraum des Flugzeugs war voll von Zitterkäfern.

Hardee atmete tief ein.

»Kommt mit«, sagte er. »Sehen wir uns um.«

Sie kletterten in das Flugzeug.

Die Zitterkäfer knackten und schwirrten protestierend unter ihren Füßen. Chuck stürzte sich auf ein Paar und hob sie triumphierend hoch.

»Papi, kann ich sie behalten? Jetzt, wo Alfie und Alice fort sind?«

»Sicher«, sagte Hardee leise und hob den Jungen aus dem Weg. Zu Wakulla sagte er: »Du kommst mit. Wenn noch jemand im Flugzeug ist, dann wahrscheinlich vorne, am Steuer –«

Kreischen von Metall und ein blechernes Krachen.

Die Tür fiel zu. Lichter flammten im Flugzeug auf. Die elliptische Tür zur Kanzel öffnete sich, und Griswold schaute mit gehetzten Augen in den Frachtraum.

»Allerdings«, sagte er. »Willkommen an Bord, ihr alle.«

Hardee spannte die Muskeln an, um auf ihn loszuspringen, und spürte, daß Wakulla neben ihm dasselbe tat – aber es war zu spät, zu spät! Von draußen drang ein gedämpftes, stockendes Dröhnen herein – ein zweites ein drittes; die drei Motoren liefen warm. Griswold trat eine Sekunde vor ihrem Sprung zurück und warf ihnen die Tür vor der Nase zu.

Während Hardee und Wakulla sich gegen die elliptische Tür zur Pilotenkanzel warfen, heulten die Motoren immer lauter auf. Die Vibration wurde gleichmäßiger, glatter, synchron.

Dann – peng, peng! Zwei Hammerschläge trafen sie. Das Flugzeug war ein Krocketball, und ein Hammer, stärker als jener in Thors Hand, peitschte ihn vorwärts – Sprung und Sprung – hinweg über den unebenen Sand. Durch das eine kleine Fenster konnten sie die Auspuffflammen der Motoren sehen, und dann, neben ihnen und darunter, eine längere, grellere Fackel – eine Startrakete, die das verbrauchte alte Transportflugzeug hinauf und hinaus in die dünne Luft jagte.

Die Düsenstarthilfe fauchte eine Flamme von zwanzig Metern Länge aus, dann schaltete sie ab, aber sie hatte ihre Arbeit geleistet.

Das Flugzeug sackte einen Augenblick ab, schwankte in der dünnen, kalten Luft und begann mühsam emporzusteigen.

Sie saßen in der Falle.

Einige Zeit später ging die elliptische Tür wieder für einen Augenblick auf – gerade so lange, daß Griswold heraustreten konnte, eine Schußwaffe in der Hand.

Er sagte schwerfällig: »Ich habe schon befürchtet, daß wir euch einfangen.« Er sah sie an. Seltsamerweise schien er mehr Angst zu haben als sie. »Unternehmt nichts«, sagte er laut, um den Motorenlärm zu übertönen. »Das ist Zeitverschwendung. Seht ihr?«

Und er hielt die elliptische Tür für sie auf, damit sie in die Kanzel sehen konnten. Sie sahen die Schalensitze für Pilot und Kopilot und was in den Sitzen war. Dann fiel die Tür wieder zu, und Griswold war verschwunden.

Hardee spürte, wie sich sein Magen zusammenkrampfte. Er hörte Wakulla fluchen und das Mädchen aufschreien und wußte, daß sie dasselbe gesehen hatten wie er: In den Sitzen, an einem Metallgitter festgeklammert, befanden sich zwei Zitterkäfer.

Und auf ihnen ritten, wie Jockeis auf Rennpferden, schimmernde, bronzene Totenköpfe mit funkelnden, schwarzen Augen.

»Was – was, zum Teufel, war das?« knurrte Wakulla.

»Marsbewohner?« flüsterte das Mädchen. »Aber Dom, Sie haben doch gesagt, daß wir nicht auf dem Mars sind!«

Tavares zuckte die Achseln. Sein Gesicht war still und resigniert; er hatte aufgegeben.

»Ich habe weder gesagt, wo wir sind«, meinte er, »noch habe ich erwähnt, welche Wesen mit uns zusammensein könnten.«

Hardee schüttelte den Kopf, um die Nebel zu vertreiben.

Sein Arm preßte sich fest um die Schultern des Jungen. Chuck dabei zu haben war eine Erleichterung; es zwang Hardee zum Nachdenken. Er konnte nicht einfach aufgeben, denn das Leben des Jungen hing von seinem Handeln ab.

Er versuchte sich zurechtzufinden.

»Wir sind nicht auf dem Mars«, sagte er. »Sind Sie sicher, Dom?«

»Sicher?« Tavares lachte. »Können Sie dreihundert Pfund heben?« fragte er in eigenartigem Tonfall. »Sehen Sie zwei winzige Monde am Himmel? Nein, nicht den großen Mond. Der ist zu groß, zu hell; das könnte der Erdmond sein, aber nicht einer von den Marsmonden!«

»Es sind aber *zwei* Monde«, widersprach Joan.

»Nein.« Tavares schüttelte den Kopf. »Ein Mond und ein Satellit. Ein kreisendes Raumschiff, glaube ich. Das Ganze ist ein Schwindel. Wir sind nie auf dem Mars gewesen.«

»Aber was ist der Sinn des Ganzen?« fragte Hardee scharf.

Tavares schüttelte wieder den Kopf.

»Glauben Sie nicht, daß ich mir Gedanken gemacht habe, fünf Jahre lang? Aber ich bin nicht dahintergekommen. Ich weiß nur, daß sie uns erzählt haben, dies sei der Mars – aber das stimmt nicht. Der Mars ist ein roter Stern am Himmel. Ich habe ihn mit eigenen Augen gesehen. Das weiß ich. Sonst weiß ich nichts.«

»Und die ganzen Jahre hindurch haben Sie nichts gesagt?« fragte Hardee rauh.

»Nein. Warum? Ich habe es nicht gewagt, Hardee. Ja, ich, Tavares, der einmal in Frankreich gekämpft hat, in dem Krieg, der stattfand, bevor Sie geboren wurden – ich habe es nicht gewagt. Sie erinnern sich an den Augenblick, als Sie wach geworden sind, ja?«

»Wach geworden? Sie meinen, das erstemal, bevor ich in die

Kolonie kam?« Hardee nickte. »Ich erinnere mich. Ich befand mich in einem Zimmer –«

»Ja«, sagte Tavares. »Dieses Zimmer. Und man hat Ihnen viele Fragen gestellt, nicht wahr, genau wie uns allen?«

»Ja. Verrückte Fragen.«

»Nein, Hardee! Nicht verrückt. Sie dienten einem Zweck. Denken Sie nach. Man hat Sie gefragt, was Sie vom Mars wüßten. Und Sie haben wahrheitsgemäß zugegeben, daß Sie nichts wüßten. Ich weiß nicht, was geschehen wäre, wenn Sie zufällig Astronom oder vielleicht Journalist gewesen wären und diese Frage anders beantwortet hätten. Ich weiß aber, daß Sie dann niemals in die Kolonie gekommen wären.«

Hardee hatte die Brauen zusammengezogen.

»Weiter!« stieß er hervor.

»Und dann beschrieb man Ihnen den Planeten Mars – um Sie auf das Erlebnis vorzubereiten, hieß es. Stimmt es? Man beschrieb ihn genauso, wie er sich dann herausstellte – um genau zu sein, nicht wie den Mars selbst! Und man beobachtete Sie. Und Sie ließen keine Zweifel erkennen.

Ich weiß, daß es so war. Denn als ich erwachte, war noch einer bei mir, und der zweifelte und zeigte ihnen, daß er zweifelte. ›Der Mars hat eine geringe Schwerkraft‹, sagte er. ›Und fast keine Atmosphäre! Und –‹ Ach, er redete immer weiter.

Es war ein Fehler.

Sie brachten ihn fort.«

»Aber das beweist doch gar nichts, Tavares« sagte Hardee ruhig. »Es könnte einen ganz einfachen Grund dafür gegeben haben.«

»Ich habe ihn *schreien* hören!« Tavares schlug die Hände vors Gesicht. »Und so habe ich die ganzen Jahre hindurch nichts gesagt, habe nichts in Frage gestellt, weil ich mich nicht traute. Aber jetzt ist es zu spät, um sich zu fürchten. Denn der Fremde, den Sie gefunden haben, Hardee, er hat bewiesen, daß alles eine Lüge war.

Und jetzt müssen sich die Lügner zu erkennen geben – jedenfalls uns gegenüber, die wir von der Lüge wissen. Und die Lügner – wir haben sie gesehen.« Er streckte den Arm aus und deutete auf die elliptische Tür zur Pilotenkanzel – wo sie die Zitterkäfer ruhig auf ihren Metallnetzen hatten sitzen sehen, die bronzenen Totenkopfaufsätze auf ihren schimmernden Rückenschilden.

Das alte Flugzeug stampfte und schwankte in den Luftströmungen. Es war aber keine Luftkrankheit, durch die sie sich krank und schwach fühlten.

Die elliptische Tür ging auf. Griswold kam zurück, die Waffe in der Hand. Hinter ihm sahen sie wieder die Zitterkäfer und ihre bronzenen, unmenschlichen Aufsätze.

Griswold schloß die Tür und rief: »Setzt euch hin! Wir landen!«

»Danke«, sagte Hardee knapp. »Soviel Rücksicht habe ich nicht erwartet.«

Griswold maß ihn mit den Augen eines Mannes, der Dämonen begegnet war.

»Ihr gebt mir die Schuld«, sagte er. »Natürlich. Was kann ich dagegen tun?« Er winkte Hardee an das winzige Fenster. »Schauen Sie hinunter«, befahl er. »Sehen Sie die Stadt da? Sie ist voller Zitterkäfer – Hunderttausende gibt es von ihnen! Dort lebt kaum noch ein Mensch, obwohl die Stadt früher voll war davon. Die Zitterkäfer haben alles an sich gerissen!«

»An sich gerissen?« wiederholte Hardee verwirrt. »Dann – sind – wir –«

»Auf der Erde, ja.« Griswold nickte. »Aber sie gehört den Menschen nicht mehr. Sie werden sehen.« Er starrte Hardee voll Mitleid und Angst an. »Sie hätten Ihr Leben in der Kolonie verbringen können«, sagte er düster, »aber Sie mußten diesen Mann finden. Weiß der Himmel, was die Käfer jetzt mit Ihnen machen werden. Aber die Kolonie sehen Sie nie mehr wieder.«

»Und Sie auch nicht!« brüllte eine Stimme hinter ihnen.

Griswold fuhr herum, versuchte die Schußwaffe hochzureißen, aber es blieb keine Zeit; durch das Schwanken kriechender Käfer unter ihnen verlor er das Gleichgewicht und stolperte. Wakulla grinste wie ein zorniger Gorilla und packte den alten Mann mit seiner Pranke. Die Pistole fiel in die eine, Griswold in die andere Richtung – er war bewußtlos.

»Los!« schrie Wakulla und hechtete nach der Waffe. Er wankte knietief durch die krabbelnden kleinen Ungeheuer zu der elliptischen Tür. Hardee folgte ihm, ohne nachzudenken. Sie stürmten durch die Tür –

Zwillingsbronzewesen drehten sich und betrachteten sie mit schwarzen, hohlen Augen. Sie waren nach menschlichen Maßstäben klein, gebaut wie große metallene Frösche, aus goldener Bronze, mit winzigen Gliedern und großen Gesichtern. Sie ritten auf den Zitterkäfern, waren aber nicht mit ihnen verbunden. Eines der Wesen gab einen rauhen, metallisch pfeifenden Laut von sich und fiel von seinem Tragtier auf etwas Glitzerndes am Boden zu – eine Waffe vielleicht.

Was immer es sein mochte, das bronzene Wesen erreichte es nicht. Wakulla brüllte wütend auf, sprang in die Kanzel und ließ seinen schweren Fuß auf das Wesen niedersausen. Ein Quietschen, ein dünnknackendes Geräusch, dann war es zu Ende mit ihm.

Das andere Wesen geriet in Bewegung. Es hatte keine Chance. Wakulla richtete sich auf, zielte und schoß – immer wieder, jagte Kugeln in das Wesen, und obgleich er nicht gut zielte, trafen so viele, daß das Wesen an der Steuerung zerfetzt wurde.

Das uralte Flugzeug begann zu wackeln und über eine Tragfläche abzukippen.

»Festhalten!« rief Wakulla und packte den Steuerknüppel.

Hardee zwängte sich keuchend in den Sitz daneben.

»Kannst du so ein Ding fliegen?«

»Ich kann es versuchen!« sagte Wakulla grinsend. Vor ihnen, durch das Glas, konnte Hardee ein Flickwerk von Bäumen und Häusern, Straßen und Feldern sehen. »Da lande ich!« brüllte Wakulla und zog den Knüppel zu sich heran.

Sie prallten mit über hundert Meilen in der Stunde hart auf den Boden, wurden hochgeschleudert, landeten auf einem Rad, wobei der Reifen platzte, und schlitterten seitwärts über ein freies Feld.

Wenn es eine Bremse gab, wußte Wakulla sie jedenfalls nicht zu finden; wenn man das Flugzeug anhalten konnte, bevor es den Zaun am Rand des Feldes erreichte, so wußte er nichts davon. Es prallte, noch immer sehr schnell, gegen den Heckenzaun.

Hardee spürte, wie die Windschutzscheibe zerplatzte und ihm ins Gesicht flog. Sein letzter Gedanke war: *Feuer.*

6

Es war heller Morgen; er war mindestens eine Stunde lang bewußtlos gewesen.

Drüben bei den Bäumen zeigte eine riesige Rauchwolke, wo die dreimotorige Maschine ihren Geist aufgab. Joan Bunnell beugte sich über ihn, Blut im Gesicht, mit zerfetzter Kleidung.

»Hardee, alles in Ordnung?« stieß sie hervor.

Er schob sich hoch.

»Ich denke schon.« Er schaute sich um. »Wakulla –?«

»Er hat sich das Genick gebrochen.« Das Mädchen ließ sich auf die Hacken zurücksinken. Tavares saß in der Nähe im feuchten Gras, den Jungen auf dem Schoß. Neben ihm lag Griswold, ohne sich zu regen, auf dem Gesicht. »Uns ist nichts passiert«, sagte Joan. »Griswold scheint sich den Arm gebrochen zu haben. Das ist alles.«

Hardee schüttelte den Kopf und rieb sich die Ohren. Sie fühlten sich an, als habe man Stöpsel hineingetrieben; die alte Kiste war schnell heruntergestürzt, und der Druckwechsel war groß gewesen. Er konnte kaum hören, was Joan sagte.

»Armer Wakulla«, murmelte sie. »Vielleicht hat er uns das Leben gerettet.«

»Vielleicht hat er uns auch alle zum Tod verurteilt«, sagte Griswold und drehte sich mit schmerzverzerrtem Gesicht auf die Seite.

Sein Gesicht war schweißüberströmt, und er hielt sich den Arm. »Das lassen sie nie auf sich beruhen«, warnte er.

Hardee erhob sich taumelnd und ging zu dem alten Mann hinüber.

»Reden Sie!« sagte er. »Was sind die Käfer? Woher kommen sie?«

»Ich weiß es nicht«, erwiderte Griswold dumpf. »Die Käfer spielen keine Rolle – es sind die Schädel, auf die es ankommt. Sie sind klug. Und sie stammen nicht von der Erde.«

Er setzte sich mühsam auf. Im heißen Sonnenlicht wimmelte es auf dem Feld von Zitterkäfern. Sie glänzten und sprangen, dem Verderben entronnen.

»Die Käfer sind nur gehirnlose Maschinen«, sagte Griswold. »Sie werden gepflanzt und wachsen, und wenn sie groß genug sind, ernten die Schädel sie. Manchmal verwenden sie menschliche Wesen für die Aufgabe des Erntens – so wie Sie.«

Hardee wollte auf das brennende Flugzeug zugehen, doch die Hitze hielt ihn fern. Wakulla befand sich dort, wohl schon verkohlt, aber man konnte ihn nicht sehen. Ganz gut, dachte Hardee. Ein paar beim Absturz beschädigte Zitterkäfer humpelten auf dem Gras herum, erregt von der Flut der Strahlungsenergie von Sonne und Feuer, aber unfähig, sich schneller zu bewegen.

Und im Gras lag noch etwas Metallisches.

Hardee bückte sich danach; sein Kopf dröhnte, aber er verlor nicht das Gleichgewicht und hob das Ding auf. Es war die Waffe, die Wakulla Griswold abgenommen hatte. Hardee klappte sie auf, schaute hinein und fluchte.

Nur noch eine Patrone war übrig.

Aber es war besser als nichts.

Er ging zu den anderen zurück. Tavares fragte Griswold aus.

»Diese Wesen, sagen Sie, sind aus dem Weltraum gekommen, in dem großen Raumschiff, das jetzt die Erde umkreist?«

»Vor fünf Jahren«, sagte Griswold mit einem Nicken. »Sie haben einen Strahl – ich weiß nicht, wie er funktioniert. Aber sie haben die Welt damit besprüht, und alle lebenden Wesen verfielen in Schlaf. Manche schlafen noch – die, die noch nicht verhungert sind, wenngleich der Metabolismus stark verlangsamt wird.«

Hardee sah Joan Bunnell an und legte den Arm schützend um den Jungen.

»War das im Oktober neunzehnhundertneunundsiebzig?« fragte er.

»Ja. Sie begreifen langsam, wie ich sehe. Das ist es, was mit euch allen in der Kolonie geschehen ist. Ihr seid keine Verbrecher – abgesehen davon, daß es in den Augen der Schädel schon ein Verbrechen ist, ein Mensch zu sein.«

Keine Verbrecher! Kein vergessenes Verbrechen, das gesühnt werden mußte! Hardee konnte es kaum glauben. Aber Griswold sprach schon weiter.

»Sie wollen unseren Planeten haben«, erklärte er. »Eine Schiffsladung kam, um alles vorzubereiten, eine Vorhut. Ich weiß nicht, wann die anderen nachkommen – aber sie sind unterwegs. Vielleicht in ein, zwei Jahren. Und bis dahin müssen sie die Menschheit unter Kontrolle haben.« Er rieb sich den Arm und starrte zum Himmel hinauf. »Manche von uns helfen ihnen«, sagte er tonlos. »Nennen Sie uns Verräter – wir sind es! Aber was bleibt uns anderes übrig? Die Schädel haben uns vor eine ganz einfache Wahl gestellt. Entweder wir helfen ihnen, uns zu studieren, damit sie lernen können, die Menschheit zu beherrschen – oder sie kehren in ihr Raumschiff zurück und richten einen anderen Strahl auf die Erde. Keinen Schlafstrahl, sondern einen, der das ganze Leben auslöscht.« Griswold breitete die Hände aus. »Eine Wahl, die keine Wahl ist«, sagte er. »Was blieb übrig? Als sie mich weckten – ich war einer der ersten paar hundert; jetzt muß es schon Zehntausende geben –, erfuhren sie, nachdem wir Verbindung aufgenommen hatten, daß ich Psychologe war. Genau das brauchten sie. Sie stellten mir die Aufgabe, eine Versuchskolonie zu entwerfen – eine Versuchsfarm, wenn Sie so wollen, wo das menschliche Tier unter möglichst natürlichen Bedingungen gehalten werden konnte.

Es war ihr dort draußen kreisendes Schiff, das mich an den Mars denken ließ – es sieht wirklich aus wie ein zweiter Mond. Luna war im Grunde kein Problem. Ein einfacher posthypnotischer Befehl, und keiner von euch konnte sich so darauf konzentrieren, daß er die Merkmale zu erkennen vermochte. Aber das Wissen über den Mars konnte ich nicht auslöschen, wenn es in einem von euch vorhanden war. Es gibt natürlich keine Möglichkeit, bei Verbrechern eine teilweise – und selektive – Amnesie hervorzurufen. Das war eine Lüge, damit ihr dieses Plateau als Strafkolonie auf dem Mars hinnahmt.«

»Aber wozu, in drei Teufels Namen?« fragte Hardee zornig.

»Damit niemand zu fliehen versuchte. Wenn ihr davon überzeugt wart, auf dem Mars zu sein, konntet ihr nicht hoffen, auf die Erde zurückzukehren. Hättet ihr gewußt, daß ihr auf der Erde seid, dann hättet ihr alles versucht, um die Zivilisation zu erreichen – ohne zu ahnen, daß es sie nicht mehr gab. Die Zitterkäfer wären nicht eingesammelt worden. Schädel wären getötet worden. Die Kolonie hätte Probleme geschaffen, statt sich nützlich zu erweisen – und dann hätte man sie ausgelöscht.

Ich wollte so viele Menschen wie möglich so lange wie möglich am Leben erhalten«, sagte Griswold. »Eine andere Chance für die Menschheit gab es nicht.«

»Und was tun wir jetzt?« fragte Hardee grimmig.

Griswold zögerte.

»Es gibt ein paar freie Menschen« , sagte er widerstrebend. »Nicht viele. Sie leben in den Wäldern, versteckt, manche sogar in den Städten. Meistens lassen die Schädel sie unbeachtet – weil es so wenige sind. Sonst würden sich die Schädel für den leichteren Weg entscheiden. Die Erde ist ihre neue Heimat, versteht ihr, und sie betrachten sie so wie Sie Ihr eigenes Haus. Ein bißchen Ungeziefer duldet man vielleicht – aber wenn es sich ausbreitet, ruft man den Kammerjäger. Es gibt aber freie Menschen, und wenn wir sie erreichen können, haben wir vielleicht eine Chance, um –«

»Pst!« zischte Joan Bunnell.

Sie zog den Jungen an sich und hob die Hand. Aus dem Wald hinter dem Feld raste eine Gruppe von Zitterkäfern, jeder mit seinem bronzenen Totenschädelreiter.

Hardee versuchte sich zu wehren, obwohl Hunderte von den Wesen heranstürmten. Wenn Wakulla mit den Patronen nicht so verschwenderisch umgegangen wäre ... Die einzelne Patrone in der Waffe war quälender als gar keine.

»Zu spät«, ächzte Griswold, das gequälte Gesicht verzerrt vor Angst. »Geben Sie auf, Hardee! Sonst bringen sie uns alle um!«

Sie wurden eine Straße entlanggeführt, in die Vororte einer Großstadt, die Zitterkäfer mit ihren schimmernden Bronzereitern um sie herum.

Niemand von ihnen erkannte die Stadt; sie konnte überall sein. Es war eine stumme Stadt, eine Stadt des Todes. Sogar von den Straßen aus konnten sie Männer und Frauen sehen, die es mitten im Leben ereilt hatte. Eine Mutter mit drei Kindern, verschlungen auf einer Verandatreppe; ein Postbote mit seinem zweirädrigen Karren neben sich, die Briefe längst verweht.

Und es gab auch lebende, wache Menschen. Chuck fröstelte und ergriff den Arm seines Vaters, als sie um eine Ecke bogen und einen Arbeitstrupp sahen – zehn oder zwölf Männer in Lumpen, die Schutt von einem zusammengestürzten Haus forträumten; sie hoben die Köpfe, als Hardee und die anderen vorbeikamen, aber in ihren Augen zeigte sich keine Empfindung, nur Erschöpfung.

»Diese anderen«, flüsterte Joan. »Sind sie tot?«

»Nein«, erwiderte Tavares langsam, »nicht, wenn zutrifft, was Griswold uns erzählt hat. Aber sie könnten es ebensogut sein. Außer –«

»Denken Sie nicht einmal daran!« flehte Griswold. »Manche von den Schädeln verstehen Englisch!«

»Sollen sie doch«, rief Hardee. Er blieb stehen und sah sie an. »Wir kämpfen gegen euch!« schrie er. »Ihr könnt unseren Planeten nicht haben – jetzt nicht und nie! Die Menschheit läßt sich nicht von einem Haufen Wanzen von einem anderen Planeten beherrschen!«

Die Bronzeschädel starrten ihn aus leeren Augen ohne Gefühl an; beinahe ebenso gleichgültig sahen die Arbeiter zu.

Die Schädel trieben Hardee weiter, und die zerlumpten Männer machten sich wieder an ihre Arbeit.

Die Gefangenen wurden in ein großes Gebäude geführt, an dem ›Hotel Winchester‹ stand. Früher war es ein Hotel gewesen; jetzt schien es das Hauptquartier für die Zitterkäfer und die auf ihnen reitenden Schädel zu sein.

Wortlos wurden sie in ein Zimmer an einer Galerie geführt, von der aus man auf das Foyer blicken konnte. Der Boden der Halle war eine wabernde Masse von Zitterkäfern mit ihren Reitern – und darunter befanden sich einige Schädel, die ein anderes Tragtier gefunden hatten, denn sie hockten auf den Schultern zerlumpter Männer.

Die Tür wurde geschlossen, man ließ sie allein.

Es war eine Tür mit halber Glasscheibe; Hardee blickte hinaus.

»Sie müssen von einem Planeten mit geringer Schwerkraft stammen«, sagte er. »Ohne die Zitterkäfer können sie sich nur schwerfällig bewegen. Sie können nicht sehr kräftig sein.«

»Das brauchen sie auch nicht«, meinte Griswold düster. »Nicht mit ihren Waffen.«

»Und wie ist es nachts?« fragte Hardee. »Die Zitterkäfer sind doch ohne Licht nicht sehr beweglich. Können wir nicht –«

Aber Griswold schüttelte den Kopf.

»Sie beleuchten alle Gebiete der Stadt, wo sie sich aufhalten, ganz hell. Nein, Hardee. Die Schädel sind Ihnen weit voraus.« Er setzte sich und seufzte. »Ich glaube, sie werden uns umbringen«, sagte er tonlos. »Entweder das, oder wir kommen zu einem Arbeitstrupp.«

Der alte Tavares sagte etwas auf Spanisch.

»Sie mögen sterben, Griswold, aber ich werde kämpfen. Hören Sie, warum können wir nicht fliehen? Bald wird es dunkel sein, wie

Hardee sagt, und dann kommt es nur darauf an, aus den beleuchteten Gebieten zu entkommen. Warum nicht?«

»Wartet«, sagte Hardee, der zur Glasscheibe hinausstarrte. »Da kommt jemand.«

Sie drängten sich heran.

Die lange Galerie entlang näherte sich ein hochgewachsener Mann mit zornigen Augen.

Hoffnung stieg auf – ein Mensch, und frei!

Aber dann sahen sie, daß auf seiner Schulter einer der bronzenen Totenschädel ritt, mit leer starrenden, hohlen Augen.

»Das ist wahrscheinlich unser Henker«, sagte Griswold, als spreche er von der Uhrzeit.

»Nicht ohne Gegenwehr«, sagte Hardee gepreßt. »Tavares, Sie stellen sich hierher. Ich warte auf der anderen Seite. Joan, Sie nehmen Chuck mit hinüber in die andere Ecke. Vielleicht können Sie erreichen, daß einer der Schädel Sie anblickt! Und Griswold –«

»Es wird nicht klappen«, sagte Griswold störrisch, aber er begleitete Joan und den Jungen.

Die Tür öffnete sich.

In dem Augenblick, als der Mann und der Schädel ins Zimmer getreten waren, sprang Hardee an die Tür und knallte sie zu.

»Los!« schrie er und stürzte sich auf das Paar.

Die zornigen Augen des Mannes öffneten sich weit vor Erstaunen. Hastig trat er zurück.

»Wartet!« rief er taumelnd.

Und der bronzene Totenschädel kippte von seiner Schulter.

Er rollte über den Boden und blieb regungslos liegen.

Hardee sprang darauf zu, als handle es sich um eine Handgranate, die in sein Schützenloch zurückgefallen war, aber der Neuankömmling mit den zornigen Augen schrie: »Vergeudet eure Zeit nicht! Der ist tot – ich habe ihn selbst umgebracht!«

Hardee blieb keuchend stehen.

Der Mann grinste mit gestrafften Lippen.

»Das hindert die anderen daran, mich zu belästigen«, erklärte er.

»Macht ihn nicht kaputt – wir brauchen ihn, wenn wir hier herauswollen. Los!«

»Wohin?« fragte Hardee, bemüht, sich zurechtzufinden. Es bedeutete Hoffnung, es bedeutete Rettung – in einem Augenblick, wo sie am wenigsten damit gerechnet hatten.

»Am Ende der Galerie gibt es eine Wäschekammer mit einer Wäscherutsche. Sie führt in den Keller hinunter. Die Schädel lassen sich da nicht oft sehen – das Licht ist zu schlecht; wir sorgen dafür. Und es gibt Abwässerkanäle und Tunnels. Wenn wir die Rutsche erreichen, sind wir in Sicherheit.« Er öffnete die Tür und schaute hinaus. »Ihr geht voraus, und ich komme nach, damit es so aussieht, als würde ich euch irgendwo hinbringen.« Er schloß die Tür und bückte sich nach seinem Schädel. »Oscar dürfen wir nicht vergessen«, meinte er. »Das ist unser Passierschein.«

Er öffnete einen Ledergurt um Hals und Schulter, wand ihn um den toten Schädel, schnallte ihn wieder fest. Versuchsweise beugte er sich vor. Der Schädel wackelte, blieb aber oben.

»Nicht rempeln«, sagte er und kreuzte die Finger. Er öffnete die Tür einen Spalt, schaute den Korridor entlang und nickte. »Gehen wir«, sagte er und riß sie weit auf.

Die Kolonne marschierte die Galerie entlang. Dicker Staub lag auf den Ledersofas an den Wänden; die Schädel brauchten sie nicht, und kein Mensch ohne Schädelparasit war in den letzten fünf Jahren hier vorbeigekommen. Am Ende der Galerie hielten sich Zitterkäfer mit Schädeln auf, aber sie schienen nichts zu bemerken. Unten in der Halle schauten ein paar von den Männern mit Schädeln auf den Schultern hinauf, aber niemand hielt sie auf.

Bis zur Tür der Wäschekammer waren es zwanzig Meter.

Fünfzehn Meter waren unproblematisch.

Dann kamen aus einem Ballsaal, der jetzt als Gehege für die menschlichen Sklaven der Schädel diente, zwei Zitterkäfer, auf denen Schädel saßen. Sie blieben stehen, einer von ihnen öffnete seinen merkwürdig geformten Transversalmund und gab einen Laut von sich, ein metallisches Heulen – er sprach mit dem Schädel auf der Schulter ihres Retters.

Hardee ergriff Joans Arm, packte die Hand seines Sohnes fester, beschleunigte seine Schritte. So nah! Und dann –

Blitzschnell sprang der Zitterkäfer mit dem Schädel vor und umschlang die Beine des Mannes, der sie geleitete.

Er stieß ihn weg.

»Lauft!« schrie er.

Der Schädel auf seiner Schulter fiel hinunter und polterte leblos davon. Drei weitere Schädel, auf Zitterkäfern reitend, schossen aus dem Ballsaal. Unten in der Halle wurde es lebendig.

»Lauft!« schrie er noch einmal und stieß sie zur Wäschekammer.

Sie erreichten die Tür gerade zur rechten Zeit. Die Kammer hatte die Größe eines kleinen Zimmers, und sie zwängten sich alle hinein.

Hardee schlug die Tür zu und preßte sich dagegen.

»Springt! Ich bleibe hier und halte sie auf!«

Der Junge schrie einmal auf, dann wurde er stumm. Er blickte auf seinen Vater, als Tavares und der andere Mann ihn in die Rutschenluke hoben, aber er sagte kein Wort, als sie ihn losließen und er davonglitt.

»Schnell, Joan!« rief Hardee.

Wildes Scharren verriet ihm, daß die Zitterkäfer zur Stelle waren. Dann spürte er, wie sich die Tür gegen ihn preßte. Er verfluchte die klugen, wirtschaftlich denkenden Erbauer des Hotels, die dafür gesorgt hatten, daß man eine Wäschekammer nicht von innen verschließen konnte. Hätte es einen Riegel gegeben, dann hätten sie alle entkommen können. Da es ihn nicht gab –

Griswold blickte zur Rutsche, sah Hardee an, befeuchtete nervös die trockenen Lippen.

Er ging auf Hardee zu.

»Ich habe einen gebrochenen Arm«, sagte er, »und außerdem bin ich nicht so sicher, daß mich die freien Menschen willkommen heißen würden, wissen Sie. Gehen Sie, Hardee.«

»Aber –«

»Gehen Sie!« Griswold stieß ihn weg. Der verbrauchte, verletzte Körper besaß mehr Kraft, als Hardee vermutet hatte. »Ich bezweifle sowieso, ob ich es mit dem Arm hier schaffen würde – aber ich kann *sie* eine Minute aufhalten!«

Schon war der andere Mann verschwunden; nur Griswold und Hardee standen noch da, und das Scharren und Pressen wurde stärker.

»Also gut«, sagte Hardee schließlich. »Griswold –«

Aber er wußte nicht, was er eigentlich sagen wollte, und außerdem blieb keine Zeit.

Griswold lachte leise, zum erstenmal, seit Hardee ihn kannte, und der Schweiß lief ihm über das Gesicht.

»Schnell!« sagte er und wirkte verlegen, als er mit Zeige- und Mittelfinger zitternd ein V machte. Die Verlegenheit dauerte nur einen Augenblick. Die Finger formten sich zu einem stachligen, menschlich störrischen, trotzigen Siegeszeichen. »Rettet die Kinder«, sagte Griswold. »Ich konnte die Schädel nicht dazu bringen, mehr in die Kolonie zu lassen – Verschwendung, sagten sie, weil Kinder keine Arbeit leisten können. Rettet die Kinder!«

Hardee wandte sich ab – zur Wäscherutsche, einem neuen Leben entgegen.

Margery versuchte den Telefonhörer aufzulegen, aber der Apparat läutete sofort wieder. Sie gab dem Tischchen einen Tritt, nahm den Hörer ab und sagte: »Hängen Sie ein, ja? Wir wollen nichts!« Sie knallte den Hörer auf die Gabel, um die Verbindung zu unterbrechen, und nahm ihn wieder ab.

Die Türglocke läutete.

»Jetzt bin ich an der Reihe«, sagte ich und legte die Zeitung weg – ich sollte wohl nie erfahren, wie es in der Ligatabelle stand. Es war Wachtmeister Gamelsfelder.

»Ein Mann will Sie sprechen, Mr. Binns. Es sei sehr wichtig.« Er schwitzte – man sah die dunklen Flecken an seinem blauen Hemd. Ich wußte, was er dachte: Wir hatten eine Klimaanlage und Geld, und er riskierte Tag für Tag sein Leben für die schäbige Bezahlung eines Polizeibeamten – was war das überhaupt für ein Land? Am Nachmittag hatte er sich entsprechend geäußert.

»Für ihn mag es wichtig sein, aber ich will niemanden sehen. Tut mir leid, Wachtmeister.« Ich schloß die Tür.

»Hilfst du mir jetzt, den Kleinen zu wickeln oder nicht?« fragte Margery.

»Aber gern, Liebling«, sagte ich fröhlich. Und es stimmte auch – abgesehen davon, daß es zweckmäßig war, es zu sagen, weil sie einer Explosion nahe war. Es stimmte, weil ich selbst etwas zu tun haben wollte. Ich sehnte mich nach einer einfachen, schönen Aufgabe wie der, einen Einjährigen mit dem Knie auf der Brust festzuhalten, während eine Hand seine Füße umklammerte und die andere die Windel einschlug. Ich meine, es war nett von Onkel Otto, mir das Geld zu hinterlassen, aber warum mußte das in der Zeitung stehen?

Die Türglocke läutete wieder, als ich die letzten Handgriffe tat. Margery war oben mit Gwennie, die viel Zuspruch brauchte, weil sie einen aufregenden Tag erlebt hatte, also stellte ich den Kleinen auf seine dicken Beinchen und ging selbst an die Tür. Es war wieder der Polizist.

»Telegramme für Sie, Mr. Binns. Ich hab' den Boten nicht hereingelassen.«

»Danke.« Ich warf sie in eine Schublade. Was für einen Zweck hatte es, sie zu öffnen? Sie stammten von Leuten, die von Onkel Otto und dem Geld gehört hatten und die mir etwas verkaufen wollten.

»Der Mann ist immer noch da«, sagte Wachtmeister Gamelsfelder mürrisch. »Ich glaube, er ist krank.«

»Sehr bedauerlich.« Ich versuchte die Tür zu schließen.

»Ich soll Cuddles ausrichten, Tinker sei hier.«

Ich packte die Tür.

»Cuddles ausrichten –«

»Das hat er gesagt.« Gamelsfelder sah, daß mich das traf, und er freute sich. Zum erstenmal lächelte er.

»Wie – wie heißt er?«

»Winston McNeely McGhee«, sagte Wachtmeister Gamelsfelder heiter, »so hat er sich mir jedenfalls vorgestellt, Mr. Binns –«

»Schicken Sie den Schw ... schicken Sie ihn herein«, sagte ich und sprang zum Tisch, um den Kleinen vom Aschenbecher wegzuziehen, wo Margery eine brennende Zigarette zurückgelassen hatte. Winnie McGhee – das hatte mir gerade noch gefehlt.

Er kam herein und hielt sich den Kopf, als wiege er ein paar Zentner. Er hatte nie gesund ausgesehen, selbst als Margery mich am Altar hatte stehenlassen, um mit ihm wegzulaufen. Es war sein zarter, poetischer Charme, und den hatte er vielleicht immer noch, vielleicht auch nicht, aber so, wie er aussah, war er wirklich krank. Er machte den Eindruck, als wiege er knapp hundert Pfund, den Kopf nicht gerechnet; der Kopf sah aus wie ein Ballon.

»Hallo, Harlan«, ächzte er, »Alter einunddreißig, einsachtundsiebzig, einsfünfundsechzig. Hast du eine Azetylsalizyltablette?«

Ich sagte: »Was?«

Er bekam aber keine Gelegenheit, gleich zu antworten, weil es im ausgebauten Dachgeschoß rauschte und Margery oben an der Treppe erschien.

»Ich dachte –«, begann sie wild, dann sah sie, daß ihre verrückteste Vorstellung wahr geworden war. »Du!« Sie verriet Panik – ordnete mit der einen Hand ihr Haar, glättete mit der anderen ihre Bermuda-Shorts, versuchte gleichzeitig, sich ohne Hände aus der schmuddeligen, alten Küchenschürze zu winden, die für *mich* gut genug gewesen war.

McGhee sagte schwach: »Hallo. Bitte, hast du eine Azetylsalizyltablette?«

»Ich weiß nicht, was das ist«, erklärte ich schlicht.

Margery kicherte wehmütig.

»Ach, Harlan, Harlan«, sagte sie mit liebevoller Toleranz und strahlte mich zärtlich an, als sie die Treppe herunterstieg. Es genügte, um einer Katze den Magen umzudrehen.

»Du vergißt, Winnie, Harlan versteht nicht viel von Chemie. Willst du ihm kein Aspirin geben, Harlan? Das ist alles, was er will.«

»Danke«, sagte Winnie mit einem Seufzer und massierte sich die Schläfen.

Ich holte ihm ein Aspirin. Ich überlegte mir, ob ich ihm etwas in das Glas Wasser mischen sollte, aber in der Hausapotheke fand sich nichts Passendes, und außerdem ist das nicht erlaubt. Ich gebe es zu, ich habe Winnie McGhee nie leiden können, und nicht nur deshalb, weil er mir die Braut geklaut hat. Na ja, nach sechs Monaten kam sie zur Vernunft, und als sie mit einer Ungültigkeitserklärung und echter Reue zurückkehrte – nun, ich habe es nie bedauert, sie geheiratet zu haben. Jedenfalls nicht sehr. Man kann von mir aber nicht verlangen, daß ich McGhee mag. Guter Gott, wenn ich den Mann nie gesehen hätte, würde ich ihn beim ersten Anblick hassen, weil er wie ein Dichter aussieht, wie ein Wissenschaftler redet und sich wie ein Halunke benimmt.

Ich ging zurück ins Wohnzimmer und schrie: »Das Baby!«

Margery hörte auf, ihren ehemaligen Mann anzulächeln und sprang zur Hundeschüssel. Sie riß sie dem Kleinen weg, aber die Schüssel war nicht mehr ganz voll. Sie mußte einen ganzen Babymund voll Milch und Hundekuchen herausholen, und dafür besaß nun der Kleine wiederum ein Gegenmittel.

»Nicht beißen!« schrie sie, zog den Finger aus seinem Mund und steckte ihn in den eigenen. Dann lächelte sie süß. »Ist er nicht zum Anbeißen, Winnie? Er hat natürlich die Nase von seinem Vater. Aber findest du nicht, daß er meine Augen hat?«

»Deine Finger wird er auch gleich haben, wenn du sie nicht aus seinem Mund ziehst«, stellte ich fest.

»Das ist normal«, sagte Winnie. »Bei vierundzwanzig Chromosomenpaaren der Geschlechtszelle ist ganz klar, daß die Wahrscheinlichkeit, von einem Elternteil gar kein Merkmal zu erben – das heißt also, ganz dem anderen zu gleichen – eins zu acht Millionen dreihundertachtundachtzigtausendsechshundertacht steht. Oh, mein Kopf.«

Margery sah ihn stirnrunzelnd an.

»Was?«

Er glich einem aufgezogenen Grammaphon.

»Ohne Berücksichtigung spontaner Mutationen, versteht sich«, sagte er. »Oder erzeugter. Und angesichts der Umweltbedingungen *in utero* – das heißt, Breitbandantibiotika, Verdreifachung der Strahlungsmengen infolge von Atomwaffen, Diäteinflüsse *et cetera* –, ja, ich würde die Wahrscheinlichkeit erzeugter Mutation ziemlich hoch einschätzen. Ja. Vielleicht im Maßstab von –«

Ich unterbrach ihn.

»Da ist dein Aspirin. Was willst du?«

»Harlan!« sagte Margery drohend.

»Ich meine – na ja, was willst du eigentlich?«

Er stützte den Kopf in die Hände.

»Ihr sollt mir helfen, die Welt zu erobern«, sagte er.

Krach-platsch!

»Hol den Mop!« befahl Margery; das Baby hatte gerade die

Wasserschüssel vom Hund umgekippt. Sie funkelte mich an und schenkte Winnie ein Lächeln. »Na komm«, sagte sie. »Nimm dein Aspirin, und über deine Weltreise reden wir nachher.«

Aber davon hatte er nicht gesprochen.

Die Welt erobern. Ich hatte es genau gehört. Ich holte den Mop, weil das wenigstens eine Gelegenheit war, sich zu überlegen, was gegen Winston McNeely McGhee unternommen werden mußte. Ich meine, was sollte ich mit der Welt anfangen? Onkel Otto hatte mir die Welt schon hinterlassen oder jedenfalls so viel, wie ich je davon gebrauchen konnte.

Als ich zurückkam, wankte Winnie durch das Zimmer, in respektvollem Abstand gefolgt von meiner Frau, die das Kind auf dem Arm hatte. Sie sagte zum künftigen Eroberer der ganzen Welt: »Wieso hast du von Harlans Glücks . . . Vom tragischen Verlust seines Onkels erfahren, meine ich?«

Er stöhnte: »Ich habe es in der Zeitung gelesen.« Er spielte ziellos mit dem Telefon herum.

»Es ist wirklich am besten so, meine ich«, erklärte Margery in philosophischem Tonfall und grub feuchte Kekskrümel aus dem Ohr des Kleinen. »Der liebe Otto hat ein erfülltes Leben gehabt. Denk an all die Jahre im Jemen! Und die ungeheure Befriedigung, die es ihm verschafft haben muß, persönlich für die Errichtung der größten Erdölraffinerie westlich von Suez verantwortlich gewesen zu sein!«

»Östlich, meine Liebe. Östlich. Das Königtum Mutawakeli liegt südlich von Saudi-Arabien.«

Sie sah ihn nachdenklich an, sagte aber nur: »Winnie, du hast dich verändert.«

So war es, aber das galt auch für sie. Es entsprach nicht Margerys Art, eine Heuchlerin zu sein. Daß sie ihren Ehemaligen ansäuselte, konnte ich noch verstehen – das war nicht so schlimm; sie zeigte dem armen Kerl nur, um wieviel besser sie es hatte, als das je bei ihm möglich gewesen wäre. Der tragische Verlust meines lieben

Onkels hatte aber nie auch nur für einen Augenblick Bedauern in ihr erweckt – ebensowenig bei mir; die schlichte Wahrheit war nämlich die, daß sie bis zum Anruf des Journalisten von der Nachrichtenagentur gar nicht gewußt hatte, daß ich einen Onkel Otto besaß. Und ich hatte es beinahe auch vergessen. Otto war der Bruder, von dem die Familie meiner Mutter nicht sprach. Woher sollte sie auch wissen, daß er auf der arabischen Halbinsel Erdöl- und Goldschätze angehäuft hatte?

Das Telefon läutete; Winnie hatte den Hörer nichtsahnend wieder auf die Gabel gelegt.

»Nein!« rief Margery in die Muschel, ohne richtig hinzuhören. »Wir wollen keine Uran-Aktien! Wir haben ganze Schränke voll!«

Da ihre Aufmerksamkeit abgelenkt war, benutzte ich die Gelegenheit, um zu sagen: »Winnie, ich habe viel zu tun. Würdest du mir vielleicht verraten, was du willst?«

Er setzte sich, den Kopf in den Händen, und strengte sich an.

»Es ist – schwer«, sagte er ganz langsam. Jedes Wort kam einzeln heraus, so als müsse er qualvoll unter all den Worten auswählen, die sich auf seine Zunge drängten. »Ich – habe etwas erfunden. Verstehst du? Und als ich erfuhr, daß du Geld geerbt hast –«

»Dachtest du dir, du könntest mir etwas davon abnehmen«, meinte ich verächtlich.

»Nein!« Er richtete sich plötzlich auf – zuckte zusammen und umklammerte seinen Kopf. »Ich möchte Geld für dich *machen.*«

»Wir haben ganze Schränke voll«, sagte ich ruhig.

Er erklärte verzweifelt: »Aber ich kann dir die Welt geben, Harlan. Vertrau mir!«

»Ich habe dir nie –«

»Vertrau mir jetzt! Du begreifst das nicht, Harlan. Wir können die Welt besitzen, wir beide, wenn du mir finanziell ein bißchen unter die Arme greifst. Ich habe eine Droge erfunden, die mir totale Erinnerung verleiht.«

»Wie schön für dich«, sagte ich und griff nach der Türklinke.

*

Aber dann begann ich nachzudenken.

»Totales Erinnerungsvermögen?« fragte ich.

Er stotterte vor Erregung.

»Das Aufwallen des Unbewußten! Die Fähigkeit, sich an alles zu erinnern – das eidetische Gedächtnis eines schwachsinnigen Weisen und das Registriersystem eines Quizsiegers. Willst du die ersten sechs Könige von England wissen? Egbert, Ethelwulf, Ethelbald, Ethelbert, Ethelred und Alfred. Möchtest du den Brunstruf des Haselhuhns hören?« Er führte den Brunstruf des Haselhuhns vor.

»Oh«, sagte Margery, die mit dem frischgewickelten Baby zurückkam. »Vogelstimmenimitationen.«

»Und viel mehr!« rief Winnie. »Weißt du, daß die Vereinigten Staaten einmal zwei Präsidenten gehabt haben?«

»Nein, aber –«

»Dritter März«, sagte er. »Achtzehnhundertsiebenundsiebzig. Rutherford B. Hayes – ich sollte lieber sagen Rutherford *Birchard* Hayes – sollte Grants Nachfolge antreten und wurde einen Tag zu früh vereidigt. Ich muß dazu erläutern –«

»Nein«, sagte ich. »Erläutere nichts.«

»Na, wie wär' es dann damit? Soll ich dir die Bowlingmeister von neunzehnhunderteinunddreißig bis jetzt nennen? Clack, Nitschke, Hewitt, Vidro, Brokaw, Gagliardi, Anderson – oh, Augenblick. Ich habe neunzehnhundertsechsunddreißig vergessen. Da war es Warren. Dann Gagliardi, Anderson, Danek –«

»Winnie«, sagte ich, »hör auf, ja? Der Tag war sehr anstrengend.«

»Aber das ist der Schlüssel zur Eroberung der Welt!«

»Ha«, sagte ich. »Willst du alle Leute zu Tode langweilen, indem du Bowlingmeister aufzählst?«

»Wissen ist Macht, Harlan.« Er ließ kurz den Kopf auf die Hände sinken. »Aber ich bekomme Kopfschmerzen davon.«

Ich nahm die Hand von der Türklinke.

»Setz dich, Winnie«, sagte ich widerwillig. »Ich gebe zu, daß ich interessiert bin. Ich kann gar nicht abwarten, bis ich höre, worin der Schwindel besteht.«

»Harlan!« warnte Margery.

»Das ist kein Schwindel, glaub mir«, sagte Winnie. »Stell dir vor, was das bedeuten kann! Wissen ist Macht, Harlan, wie ich eben betont habe. Ha, mit meinem Supergehirn können wir die Herrscher jedes Landes übertölpeln. Wir können die ganze Welt in Besitz nehmen! Und – Geld, sagst du? Wissen ist auch Geld. Zum Beispiel«, er zwinkerte mir zu, »Sorgen wegen der Steuern? Ich kann dir die Minderheitsentscheidung in der Sache US-Regierung gegen Oesterhagen nennen, vierhundertsechsundachtzig Alabama dreitausenddreihundertneun. Da findet sich eine Lücke, durch die man einen Lastzug steuern kann!«

Margery setzte sich mit einer Zigarette in der endlos langen Spitze, die ich ihr ein Jahr nach der Hochzeit gekauft hatte, um einen häuslichen Krach zu beenden. Sie sah zuerst mich und dann die Zigarette an; schließlich ging mir ein Licht auf, und ich rannte mit einem Streichholz zu ihr.

»Danke, Liebling«, sagte sie heiser.

Sie hatte nicht nur das Baby, sondern auch sich selbst umgezogen. Jetzt trug sie etwas Passenderes für die Miterbin eines Riesenbatzens Geld, die einen ehemaligen Ehemann zu Gast hatte. Es war ein Hauskleid aus Goldlamé, und das hatte sie binnen einer Stunde nach dem Anruf des Journalisten über ein laufendes Konto gekauft, das wir nie besessen hatten, bis die Frühausgaben der Zeitungen in den Geschäften von Levittown vorlagen.

Und das erinnerte mich an etwas. Geld. Wer brauchte Geld? Was nützte es, das ganze Vermögen von Onkel Otto geerbt zu haben, wenn ich Winnie nicht hochkantig hinauswerfen konnte?

Die Höflichkeit veranlaßte mich zu Umschweifen.

»Das ist alles sehr interessant, Winnie, aber –«

»Harlan, das Baby!« brüllte Margery. »Nimm ihm die Brezeln weg!«

Ich tat es, während Winnie hinter mir flüsterte: »Die Form einer

Brezel stellt kindliche, zum Gebet verschlungene Arme dar – das glaubte man jedenfalls im siebten Jahrhundert. Ein guter Brezelformer kann in der Minute mehr als fünfunddreißig Stück formen. Maschinen sind natürlich schneller.«

»Winnie –«, sagte ich.

»Willst du die Herkunft des Wortes ›Navvy‹ wissen? Die meisten Leute glauben, das habe etwas mit Seeleuten zu tun.«

»Winnie, hör mir zu –«

»Das stimmt aber nicht. Es stammt von den Arbeitern bei den Binnenwasserstraßen – im England des achtzehnten Jahrhunderts, verstehst du. Nun, die Arbeiter –«

»Winnie, verschwinde«, sagte ich entschieden.

»Harlan!«

»Du hältst dich da 'raus, Margery«, sagte ich zu ihr. »Winnie hat es auf mein Geld abgesehen, das ist alles. Ich habe es aber noch nicht lange genug, um es zum Fenster hinauswerfen zu wollen. Außerdem – wer will schon die Welt beherrschen?«

»Tja –«, sagte Margery nachdenklich.

»Mit unserem vielen Geld?« rief ich. »Wer hat das nötig?«

Winnie preßte die Hände an den Kopf.

»Oh«, ächzte er. »Warte, Harlan. Alles, was ich brauche, ist Anfangskapital. Ich habe die langfristigen Zyklen sämtlicher Börsenpapiere im Kopf – Kapitalerhöhungen, Dividenden und Bilanzsummen seit neunzehnhundertvier! Ich kenne die Signale der Börsianer – Arm hoch für Kaufen, Arm herunter für Verkaufen, da, siehst du, wie meine Finger gekrümmt sind? Das bedeutet, daß die Spanne zwischen Angebot und Nachfrage drei Achtel Punkte beträgt. Gib mir eine Million Dollar, Harlan!«

»Nein.«

»Nur eine Million, das ist alles. Du kannst sie entbehren! Und ich verdopple sie in einer Woche, vervierfache sie in einem Monat – in einem Jahr haben wir eine Milliarde! Eine Milliarde Dollar!«

Ich schüttelte den Kopf.

»Die Steuern –«

»Denk an US-Regierung gegen Oosterhagen!« rief er. »Und das ist erst der Anfang. Hast du schon einmal daran gedacht, was eine Milliarde Dollar in den Händen eines Supergenies zu erreichen vermag?« Er sprach immer schneller, eine Art Wortdurchfall, als könne er sich nicht mehr beherrschen. »Hier!« schrie er, umklammerte mit einer Hand seine Schläfe und zog mit der anderen etwas aus der Tasche. »Schau dir das an, Harlan! Für eine Million Dollar gehört es dir – nein, für hunderttausend! Ja, hunderttausend Dollar, und du bekommst es! Dafür verkaufe ich es, und dann teile ich nicht mit dir – dann sind wir beide Supergenies. Ja? Ist das fair?«

Ich war durch meine eigene Neugier gefangen.

»Was ist das?« fragte ich. Er wedelte damit vor mir herum – mit einer kleinen, breiten Flasche, halb gefüllt mit hellen Kapseln.

»Meins«, sagte er stolz. »Mein Hormon. Ein Synapsen-Entspanner. Eine Kapsel, und die Blockaden zwischen benachbarten Zellen in deinem Gehirn werden eine Stunde lang geschwächt. Drei davon, für je zwanzig Pfund Körpergewicht, und du bist ein Leben lang ein Supergenie. Du vergißt nie etwas! Du wirst dich an Dinge erinnern, von denen du glaubst, daß sie seit Jahren in Vergessenheit geraten waren! Du wirst dich an den Klaps auf den Hintern bei deiner Geburt erinnern, an den Namen der Kinderschwester, die dich zum Auto deines Vaters getragen hat. O Harlan, es gibt einfach keine Grenzen für –«

»Verschwinde«, sagte ich und trieb ihn zur Tür.

Wachtmeister Gamelsfelder erschien wie ein Geist aus der Flasche.

»Dachte ich mir doch«, sagte er nüchtern und trat auf Winnie McGhee zu. »Erpressung, wie? Kann es Ihnen eigentlich nicht übelnehmen, Freund, aber jetzt gibt's eine Fahrt zum Revier und eine Unterhaltung mit dem Sergeanten.«

»Nur weg mit ihm«, sagte ich und schloß die Tür, während Winnie den Polizisten aufforderte, ihm eine Oper von Křenek zu nennen, außer ›Johnny spielt auf‹.

Margery setzte schwer atmend das Baby ab.

»Die Leute herumstoßen! Was für Manieren! So bist du nicht gewesen, als wir geheiratet haben, Harlan«, erklärte sie. »Seit du das Geld geerbt hast, ist etwas über dich gekommen!«

»Hilf mir, die Sachen aufzuheben«, sagte ich. Ich hatte ihm nicht weh getan, aber die Pillen waren doch durch die Luft geflogen.

Margery stampfte mit dem Fuß auf und brach in Tränen aus.

»Ich weiß, was du vom armen Winnie hältst«, schluchzte sie, »aber er tut mir einfach leid. Hättest du nicht wenigstens höflich sein können? Hättest du ihm nicht wenigstens ein paar lausige hunderttausend Dollar geben können?«

»Paß auf den Kleinen auf«, sagte ich. Oben an der Treppe erschien Gwennie, vom Lärm angelockt, rieb sich mit den Fäusten die Augen und begann zu weinen.

Margery funkelte mich böse an, wollte etwas sagen, war sprachlos, drehte sich um und eilte hinauf, um Gwennie zu trösten.

Ich begann mich ein ganz kleines bißchen zu schämen.

Ich stand auf, tätschelte zerstreut den Kleinen und schaute die Treppe hinauf zur weiblichen Hälfte des Haushalts. Wenn man es sich genau überlegte, war ich ziemlich flegelhaft gewesen.

Nämlich: Ich war rauh mit dem armen Winnie umgesprungen. Angenommen, ich wäre es gewesen, der das Hormon entdeckt hatte, und brauchte ein paar lausige hunderttausend Dollar, wie Margery es so treffend ausdrückte, um ungeahnten Reichtum und grenzenlose Macht zu erlangen? Nun, warum nicht? Warum hätte ich es ihm nicht geben sollen? Der arme Kerl litt offenkundig an den Nachwirkungen des Hormons wie an einem Alkoholkater. Ich hätte entgegenkommender sein sollen, gewiß.

Und außerdem: Margery hatte es schwer mit den Kindern und allem, und gerade an diesem Tag war ihre Erregung verständlich.

Und ferner: Ich hatte eben eine ganze Münzanstalt geerbt!

Warum verwendete ich nicht – der Gedanke kam mir mit plötzlicher, erschreckender Klarheit – einen Teil von Onkel Ottos Geld dazu, uns allen das Leben leichter zu machen?

Ich stürmte die Treppe hinauf.

»Margery«, rief ich. »Margery, es tut mir leid!«

»Ich finde, du –«, begann sie, dann hob sie den Kopf und sah mein Gesicht.

»Schau, Süßes, fangen wir neu an«, sagte ich. »Das mit dem armen Winnie tut mir leid, aber vergessen wir ihn, ja? Wir sind reich. Fangen wir an, auch so zu leben! Gehen wir aus, nur wir beide – es ist noch früh! Wir nehmen uns ein Taxi und fahren nach New York – den ganzen Weg mit dem Taxi, warum nicht? Wir essen im ›Colony‹ und sehen uns das neueste Musical aus der zweiten Reihe an – für hundert Dollar oder so bekommt man schöne Plätze. Warum nicht?«

Margery sah zu mir auf und lächelte plötzlich.

»Aber –« Sie tätschelte Gwennies Kopf. »Die Kinder. Was machen wir damit?«

»Besorg einen Babysitter«, rief ich. »Mrs. Schroop wird sich über das Geld freuen.«

»Aber so knapp vorher –«

»Margery«, sagte ich, »wir erben nicht jeden Abend ein Vermögen. Ruf sie an.«

Margery stand auf, Gwennie auf dem Arm, und begann zu strahlen.

»Weißt du«, meinte sie, »das hört sich wirklich gut an, Harlan! Warum eigentlich nicht? Nur – weißt du Mrs. Schroops Telefonnummer?«

»Wir haben sie aufgeschrieben«, erwiderte ich.

»Nein, das war auf dem alten Telefonbuch.« Sie zog die Brauen zusammen. »Du hast es mir hundertmal gesagt. Das Telefon läuft nicht auf ihren eigenen Namen, sondern auf den ihres Schwiegersohns. Ach, wie war gleich die Nummer –«

Eine dünne Stimme unten an der Treppe sagte: »Ovington acht null null vierzehn. Eingetragen unter Sturgis, Arthur, Universe Avenue Nummer einundvierzig.«

Margery sah mich an, ich sah Margery an.

»Wer, zum Teufel, hat das gesagt?« fragte ich scharf.

»Ich, Paps«, sagte der Eigentümer der Stimme, ganze sechzig Zentimeter hoch, und erschien am Fuß der Treppe. Er mußte sich mit einer Hand festhalten, weil er noch nicht so gut laufen konnte; in der anderen Hand hielt er die kleine Glasflasche, die Winnie McGhee hatte fallen lassen.

Die Flasche war leer.

Tja, wir wohnen nicht mehr in Levittown – das versteht sich von selbst.

Margery und Gwennie und ich haben alles versucht – unseren Namen geändert, unsere Haare gefärbt, uns einmal sogar kosmetischen Operationen unterzogen. Es nützte nichts, also ließen wir uns von demselben Chirurgen zurückverwandeln.

Die Leute erkannten uns immer.

Jetzt fahren wir hauptsächlich mit unserer Jacht an der Küste der USA auf und ab, innerhalb der Zwölfmeilenzone. Wenn wir Vorräte brauchen, schicken wir jemanden von der Besatzung mit dem Motorboot an Land. Riskant, gewiß, aber nicht so riskant, wie es die Landung in irgendeinem anderen Land wäre, und nach den US. J. I. wollen wir nicht zurück – wie man es heutzutage nennt. Das kann man uns nicht übelnehmen. Wie würde Ihnen das gefallen?

Wenn er uns nur in Ruhe lassen würde.

So fahren wir eben hin und her, und von Zeit zu Zeit erinnert er sich an uns und ruft per Funktelefon an. Gestern hat er übrigens angerufen. Er sagte: »Ihr könnt nicht ewig da draußen bleiben, Paps. Deine Antriebsmaschinen müssen nach elf Monaten generalüberholt werden, und du bist zehn Monate und sechs Tage unterwegs. Wo nehmt ihr Milchprodukte her? Die Ladung, die ihr in Jacksonville besorgt habt, muß am Donnerstag vergangener Woche verbraucht gewesen sein. Es hat keinen Sinn, daß ihr euch zu Tode hungert. Außerdem ist das Gwennie und Mama gegenüber nicht fair. Kommt heim. Wir finden einen Platz im Staatsdienst für dich.«

»Danke«, sagte ich. »Vielen Dank, nein.«

»Es wird dir leid tun«, warnte er mich freundlich. Und legte auf.

Na ja, wir hätten ihn von diesen Pillen fernhalten sollen.

Es war wohl meine Schuld. Ich hätte aufpassen sollen, als der alte Winnie – der Himmel sei seiner Seele gnädig, wo er auch sein mag – sagte, daß die Dosis für die ganze Lebensdauer drei Tabletten für je zwanzig Pfund Körpergewicht betrug. Das Baby wog damals erst fünfundzwanzig Pfund – als wir das letztemal mit ihm beim Kinderarzt gewesen waren; nachdem er die Pillen geschluckt hatte, konnten wir ihn natürlich nicht mehr hinbringen. Und er muß mindestens ein Dutzend geschluckt haben.

Aber Winnie hatte wohl recht.

Die Welt ist auf dem besten Weg dazu, erobert zu werden. Die Vereinigten Staaten fielen Juvens Imperator – wie er sich jetzt nennt, und das ist Margerys Schuld, denn ich habe vor dem Kind nie lateinisch gesprochen – nach achtzehn Monaten anheim, nach seinem sensationellen Coup im 256 000 Dollar-Quiz und seinem späteren Erfolg mit Sojabohnentermingeschäften und Stahlaktien. Die restliche Welt dürfte nur eine Frage der Zeit sein. Einer nicht sehr langen Zeit übrigens. Und ob man das weiß; das ist ja der Grund, warum wir nirgends anzulegen wagen.

Aber wer hätte das gedacht?

Ich meine, ich habe seine Vereidigung im vergangenen Oktober im Fernsehen verfolgt. Das Land hat schon sehr eigenartige Gestalten an seiner Spitze gesehen, ohne Zweifel. Aber hätten Sie je gedacht, Sie würden erleben, wie meinem kleinen Jungen der Amtseid als Präsident abgenommen wird, eine Hand erhoben, den Daumen der anderen im Mund?

I

Niemand stöhnte: »Buddy, hör mir bitte zu!« Ich habe Hunger. Kannst du mir nicht wenigstens etwas zu essen geben?«

Wir achteten nicht darauf.

»Oliver«, sagte sie, »ich liebe dich.«

Ich blieb stehen und küßte sie. Niemand schluchzte und schwebte im Nebel davon.

Ganz Grendoon war unten am Wallow. Fackeln entflammten den Nebel wie lebendige Lippen aus Feuer, küßten einander, verschmolzen. Der Lärm der großen Dschungelmaschinen dröhnte im Hintergrund, wurde aber von der Menge fast übertönt, einem unaufhörlichen Stiergebrüll.

»Hör sie dir an, Diane«, sagte ich. »Sie sind glücklich.

»Ich auch«, flüsterte sie.

»Die Plantage fehlt dir nicht?«

»Nein.«

»Und auch nicht –«

»Auch nicht Albert«, sagte sie. »Albert schon gar nicht.«

Ich fühlte, wie sie fröstelte, obwohl die Temperatur dreiundvierzig Grad betrug.

Niemand tauchte aus dem Nebel auf und packte meinen Arm, aber ich schüttelte ihn ab, und er wankte murmelnd davon.

Ich blieb stehen und sah Diane an. Plötzlich wirkte sie angespannt.

»Was ist los?«

Sie sagte kleinlaut: »Hast du *den* erkannt?«

Es war peinlich. Ich schüttelte den Kopf.

»Aber ich, Oliver«, sagte sie. »Er hat früher auch für Albert gearbeitet. Und er kam ihm in die Quere, und jetzt –«

Die Freude in mir erstarb.

»Zum Henker mit Albert!« sagte ich grob. »Gehen wir zum Wallow hinunter. Das ist unsere Nacht, Diane – laß sie dir durch nichts verderben.«

Aber hinter uns im Nebel schluchzte Niemand jämmerlich.

Es war Sonnenuntergang, wissen Sie.

Nicht, daß wir die Sonne auf der Venus jemals zu sehen bekommen. Es macht aber einen Unterschied. Während des ›Tages‹ bleiben wir möglichst in den Häusern, und wenn wir hinausgehen, tragen wir nicht nur Thermoanzüge und Kapuzen, sondern auch Atemgeräte – jedenfalls zu ›Mittag‹. Gegen ›Abend‹ können wir die Luft atmen; dunkelt es, können wir die Kapuzen abnehmen. ›Nachts‹ kann man manchmal sogar ohne Thermoanzug hinaus, aber es war noch lange nicht Nacht.

Nachts beginnt auch der Nebel zu kondensieren. Etwa zwei Monate lang um ›Mitternacht‹ steigt die Decke empor, manchmal auf dreihundert Meter, und das viele Wasser muß irgendwohin; und so geschieht es.

Daraus wird ein feines Fest.

Grendoon hat etwa achtzehnhundert Einwohner, und ich glaube nicht, daß es hundert waren, die zurückblieben, um aufzupassen. Alle anderen lachten und spaßten und wanderten herum, die Fakkeln in den Händen, um auf das Wasser zu warten. Die Kinder freuen sich immer ganz besonders, die Erwachsenen nicht viel weniger.

»Es kommt«, flüsterte Diane.

»Ich seh's.«

Schon war der Boden des Wallow klebrig von rotem Schlamm, wie beim Blut, das aus einem Roastbeef rinnt. Wir befanden uns jetzt am Ortsende des Wallow und folgten den Laufbändern zum tiefen Teil in Richtung der Berge.

»Hier, Freund!« rief ein grinsender Verkäufer und hielt mir

zwei Fackeln hin. Ich bezahlte, gab eine davon Diane und ging weiter.

Auch für die Fackeln gibt es einen Grund. Die Engländer wußten da Bescheid; in den alten Kriegen, bevor die Luftfahrt sich mit Radar abgab, waren die Engländer von Nebel geplagt. Sie schaufelten Gräben um ihre Landeplätze und füllten sie mit Dieselöl; wenn die Flugzeuge kamen und der Nebel zu dicht war, zündeten sie die gefüllten Gräben an, und der Flammenvorhang brannte den Nebel weg. Dazu dienten unsere Fackeln.

Zuerst konnten wir nur Umrisse sehen, dann grelle Punkte vom Licht der Fackeln selbst, und als schließlich tausend Fackeln brannten, konnten wir über fünfzig Meter weit sehen. Da brauchten wir keine Laufbänder mehr; wir eilten die Böschung hinunter zu der jubelnden, durcheinanderdrängenden Menge.

Vom nördlichen Ende des Wallow, wo der schlammige Bach dicke Säfte von den Bergen aufsog, klang Geschrei herüber.

»Es kommt!«

Diane nahm die Hand von meinem Unterarm. Ich gab ihre Hand frei. Wir drängten uns nach vorn.

Im züngelnden Licht der Fackeln kam das erste dünne Rinnsal im Bachbett heran. Obwohl das alle paar Monate geschah, jedesmal wenn die langsame Venus eine Achsenumdrehung gegenüber der Sonne vollendete, glich es einem Wunder. Immer wieder. Selbst in meinem Thermoanzug fühlte ich mich kühler und wohler. Es war wie Iowa im Oktober, es war wie das erste Eis auf dem Strom, der zu Hause durch die Stadt floß. Das Wasser kam herunter!

Ich flüsterte: »Eine herrliche Zeit, verliebt zu sein.«

Aber Diane war nicht neben mir.

Ich schrie: »Diane! Wo bist du?«

Und dann sah ich sie.

Sie war im Gedränge von mir getrennt worden, aber erst ein paar Meter entfernt und taumelte zu mir zurück. Ich konnte ihr Gesicht nicht sehen, nur die Kapuze und den Umriß ihres rechten

Unterkiefers, verschleiert vom durchsichtigen Stoff des Thermoanzugs. Aber es genügte.

Diane war entsetzt.

Ein massiger, breitschultriger Mann mit einem Gesicht, das einem Fußabdruck im Schlamm glich, und dem Ausdruck einer Eidechse, auf die jemand getreten war, brüllte sie zornig an: »Was ist denn los mit Ihnen? Warum passen Sie denn nicht auf?«

Diane wandte sich mir mit leichenblassem Gesicht zu.

»Oliver«, schluchzte sie, »dieser Herr sagt, ich sei ihm auf den Fuß getreten.«

»Was?«

»Ich – ich habe es nicht getan, Oliver! Du glaubst mir doch, oder?«

»Natürlich!« Aber es war wie das Läuten einer Totenglocke.

»Du mußt mir glauben!«

»Ich glaube dir.« Aber es pielte keine Rolle; nichts spielte eine Rolle; wir kannten uns beide aus.

Ich sagte zu der getretenen Eidechse: »Sir, meine Verlobte bittet vielmals um Entschuldigung. Die Menschenmenge – die Aufregung – das Durcheinander –«

Er starrte mich böse an, schaute sich unter buschigen Brauen in der Menge um, schätzte die Stimmung ab. Sie befriedigte ihn nicht. Er zuckte die Achseln und schob sich davon.

»Komm Liebling«, sagte ich und eilte mit ihr weiter.

»Oliver«, sagte sie. »Sie geben nicht auf. Sie werden es wieder versuchen.«

»Es wird ihnen nichts nützen!«

»Doch, Oliver«, sagte sie sachlich. »Du kennst Albert. Er gibt *niemals* auf. Das war einer von seinen Schlägern. Er hat andere.«

Ich nahm sie bei den Ellbogen und zog sie zu mir. Im roten, wabernden Licht der Fackeln wirkten ihre Augen dunkel und leuchtend; ihr Gesicht war traurig und ruhig. Ihre Schönheit krampfte mir das Herz zusammen.

»Wir schaffen es schon, Diane«, versprach ich. Aber es war eine

Lüge. Ich wußte, daß es eine Lüge war. Albert Quayle hatte nicht aufgegeben. So leicht gab er nicht auf. Er würde mir seine Frau nicht kampflos überlassen.

Er war entschlossen, sie zu beseitigen – mit bezahlten Attentätern, ohne Zweifel.

Und sobald sie aus dem Weg geräumt war, würde er hinter mir her sein. Ich erinnerte mich, wie Niemand im Nebel gewimmert hatte.

»Glaubst du, wir werden wimmern?« fragte Diane plötzlich. Nichts anderes fragte ich mich selbst. Ich ergriff ihren Arm und drehte sie wieder zum Bachbett. Unsere Fackeln brannten nieder. Ich warf sie in die ersten paar Zentimeter Wasser, und wir sahen stumm zu, als sie erloschen.

2

Die Welt hatte sechs Monate vorher für mich begonnen.

Ich kam im Raumschiff von der Erde herunter wie ein neugeborenes Baby, rosig und laut, in meine verzögerungssichere Wiege gebunden, zusammengepreßt von den Geburtsschmerzen der Raketenlandung auf einem fremden Planeten.

Was wußte ich? Die Anzeigen riefen: ›Venus, das Neuland!‹ – ›Venus, der Planet, wo jeder neu anfangen kann!‹ – ›Besitzen Sie 1000 Morgen Land! Jeder sein eigener Herr auf der Venus!‹

Natürlich fiel ich darauf herein. Wie Tausende andere. Es war auch keine Lüge. Das gab es alles.

Ich stieg in Grendoon aus dem Schiff und stellte mich beim Zoll in die Reihe. Es war keine lange Reihe.

»Einwanderer?« fragten sie.

Und ich sagte: »Klar. Ich bleibe mein ganzes Leben lang hier.«

Es stimmte. Ich begriff aber nicht, warum sie lachten. Ich wußte nicht, daß es keine Wahl gab. Ich wußte nicht, daß man, einmal auf die Venus eingestellt, nie mehr auf der Erde leben konnte.

Man trägt zwei Wochen lang das Brustschild – alle wissen, was es bedeutet, alle lassen einem mehr Spielraum, damit man sich zurechtfinden kann. Man findet eine Wohnung. Man bekommt eine Stellung. Man macht Pläne. Man entschließt sich.

Und dann wird man – wenn man bleiben will – konditioniert.

Wenn nicht, dann wartet die Rakete zum Heimflug.

Albert Quayle lernte ich kennen, bevor ich konditioniert wurde, als ich noch das Brustschild trug. Und mit ihm lernte ich seine Frau Diane kennen.

Grendoon war die Dampfzelle vor den Toren der Hölle. Man verkaufte mir einen Thermoanzug und brachte ein Brustschild an mit dem in Brillanten ausgelegten Wort ›Besucher‹. Man gab mir eine Karte mit Quayles Namen und Adresse und schickte mich los, damit ich mir bei ihm Arbeit suchte. Ich trat hinaus in den heißen, alles durchdringenden Nebel.

Albert Quayles Haus befand sich in Breezy Point, über dem Wallow. Ich mühte mich auf den Laufbändern voran; sogar im Thermoanzug war ich völlig durchnäßt. Es war ein heißer Tag. Der Nebel war grellweiß, eine Suppe aus klatschnassen Perlen, die ich beim Gehen in Bewegung brachte. Ich sog Luft aus dem Atemgerät ein, aber mein Gesicht war dem Dampf ausgesetzt; ich kam mir vor, als würde ich langsam gesotten. Stimmen sprachen flehend aus dem Nebel zu mir; ich konnte ihnen nicht helfen, und so ignorierte ich sie – wie alle Bürger Grendoons.

Dann erreichte ich Albert Quayles Haus. Riesige Gebläse zerfetzten den Nebel im Umkreis. Ich konnte es durch flimmernden Dunst sehen. Ein großes Gebäude aus rosarotem Aluminium mit Panoramafenstern zum Betrachten des Nebels. Ein großes Haus für einen großen Macher, und das war Albert Quayle.

Ich ging den Schlackensteinweg entlang. Es sah aus wie in einem japanischen Garten auf der Erde. Aus den Kondensationssammelbecken in den Wänden spritzte ein Strom heißen Wassers. Es floß durch Betontröge durch einen Kaktusgarten; der Weg wurde zu einer kleinen, gewölbten Brücke über einem der dampfenden Wasserläufe. Bei einer so teuren Anlage konnte ich es ihm nicht übelnehmen, daß er soviel Geld für Gebläse ausgab, um sie auch zu zeigen. Das Wasser stammte natürlich aus der Schleuse der Klimaanlage. Irgendwo mußte es ja hin. Aber der Garten, der kleine Wasserlauf, die Brücke – das hatte Geld gekostet.

Geld – das hatte Quayle –, und er hatte mehr als Geld ... er hatte Diane.

Ich läutete. Die Tür ging auf. Da war sie.

Ich blickte auf die Karte zwischen meinen behandschuhten Fingern.

»Mrs. Quayle?«

»Ich bin Mrs. Quayle.«

»Ich suche Arbeit«, murmelte ich. Eine Figur wie eine Nachtklubsängerin. Augen wie die traurigen Tiefen der Hölle. Lippen, die tragisch lockten. Ich riß den Blick von ihr los und richtete ihn wieder auf die Karte. »Ihr Mann – im Büro hieß es, er könne mir helfen.«

»Helfen?« Ihre Stimme war wie ein bitteres Wiegenlied. »Er wird sich selbst helfen. Aber er gibt Ihnen Arbeit, wenn Sie die wollen.«

Und da wußte ich, daß ich mich verliebt hatte. Ich wußte auch, was es bedeutete. Denn schon in diesem Augenblick, als ich noch keine vierundzwanzig Stunden auf der Venus war, wußte ich, wer Albert Quayle war. Ich wußte, daß man sich mit ihm nicht anlegen durfte, nicht in Grendoon, nicht, wenn man am Leben bleiben wollte.

Aber ich legte mich doch mit ihm an. O ja. Ich nahm ihm den einen Besitz, den er nicht hergeben wollte.

Diane ergriff meine Hand. Sie zitterte.

»Oliver, Oliver. Das war er.«

»Ich weiß.«

»Der dicke Mann – er hat für Albert gearbeitet.«

»Er will uns beseitigen. Alle beide! Oliver, ich hätte dich das nicht tun lassen sollen. Das ist das Ende.«

»Ich weiß.«

»Hör auf mit deinem ›Ich weiß.‹!« schrie sie.

Ich streichelte ihre Hand durch den Handschuh, um ihr zu zeigen, daß ich sie verstand. Vorsichtig führte ich sie am Ufer des Wallow entlang, dorthin, wo die Menge am dichtesten stand.

»Es tut mir leid, Oliver«, flüsterte sie plötzlich. »Ich möchte ihn umbringen.«

»Das kannst du nicht.«

»Ich weiß, daß ich es nicht kann, aber ich möchte es. Wenn wir nur nicht konditioniert wären –«

»Vergiß es«, meinte ich. »Wir sind fertig mit ihm. Sobald deine Scheidung durch ist, heiraten wir. Das steht fest.« Ich schaute auf die Uhr unter dem durchsichtigen Handschuh meines Thermoanzugs. »Nur noch eine Stunde«, sagte ich.

»Oh, Oliver!«

Das paßte schon eher. Sie sah aus wie eine Zuckerbraut auf einem Hochzeitskuchen und strahlte. Nur noch eine Stunde, dann war die vorgeschriebene Wartezeit vorbei. Es war schwer zu glauben, daß schon elf Stunden vergangen waren, seit wir Quayle von unserer Liebe in Kenntnis gesetzt hatten.

Beinahe fröhlich schritten wir durch die jubelnde Menge. Es war ein Fest; die Grendoonier lachten und sangen wie glückliche Kinder. Es war wie in Iowa, in meiner Kindheit. Dort lief, wenn die Bäche vereisten, die ganze Stadt zum See hinunter – die Erwachsenen, um zuzusehen, die Teenager zum Schlittschuhlaufen, die Alten und die ganz Kleinen, um auf steifen Beinen über das Eis zu gehen. Hier verwandelte das Wetter Nebel in Wasser – Wasser genug, um das Wallow-Bett zu füllen und für ein paar Monate im Jahr einen Teich daraus zu machen. Zu Hause hatte sich das Wasser in Eis verwandelt, aber das Prinzip war dasselbe: Zeit zum Feiern.

Niemand kam schluchzend heran. Bedrückt fragte er: »Mister, bitte. Ich habe Hunger! Könnten Sie mir nicht aushelfen?«

Diane fröstelte und ergriff meinen Arm. Einen Augenblick lang spürte ich die Versuchung zu sprechen, aber er verging. Dann gab es wirren Lärm, und der Niemand drehte sich plötzlich um.

»Ein Erdler!« keuchte er und sprang von uns fort.

Diane reckte sich auf die Zehenspitzen.

»Es stimmt«, sagte sie. »Schau, Oliver!«

Und da war er, ein Erdbewohner, groß und dunkel gefärbt durch die UV-Strahlung eines besonnten Planeten, aber sein Gesicht war jetzt feuerrot vor Zorn. Er preßte sich an den Rand des Wallow, umringt von einem Dutzend von Niemanden, die flehten, schrien, schamlos um Nahrung bettelten, um Hilfe – um alles. Sein goldener Brustschild glänzte, das Wort ›Besucher‹ war eine Einladung für alle gemiedenen Niemande in Grendoon, denn nur ein Erdler konnte so tief sinken, mit ihnen zu sprechen. Und ein Niemand konnte nur überleben, wenn er einen Erdbewohner fand, der ihm half.

Aber dieser Erdbewohner machte es sich schwer. Er bot ihnen Geld an, was närrisch war – was nützte ihnen Geld? Und er hieb gereizt auf sie ein, was noch schlimmer war. Er sank beinah auf das Niveau der Niemande hinab.

»Ich muß ihm helfen«, sagte ich zu Diane.

Sie nickte.

Ich ging mit strenger Miene auf ihn zu. Die Niemande zerstoben vor mir wie Spreu.

Sie flohen wimmernd, als ich mit ihm zu sprechen begann.

Er sagte aufgebracht: »Danke. Was für eine Gegend ist das hier eigentlich?«

»Tut mir leid, daß Sie belästigt worden sind. Achten Sie nicht auf sie. Sie gehen von selbst.«

»Aber warum?«

»So wird es hier gemacht«, erklärte ich.

»Hm« Er sah mich gereizt an. Mit schriller, hoher Stimme sagte er: »Ich halte nicht viel von der Venus. Was für ein Schwindel! Ich habe zweieinhalbtausend Piepen für den Flug ausgegeben. Ich hätte genauso gut zum Mond fliegen können.«

»Sie sind Tourist?«

»Das hat man mir erklärt, als ich die Flugkarte kaufte«, meinte er mürrisch.

»Es tut mir leid.«

»Sie können nichts dafür, gab er zu. Dann versuchte er, ein wenig freundlicher zu sein. »Hören Sie«, sagte er vertraulich, »ist das eigentlich alles? Ich meine, das Erscheinen des Wassers und die Karnevalsstimmung in der Stadt und so, wie es im Reisebüro hieß?«

»Das ist alles.«

»Mann!« Er schüttelte bedauernd den Kopf. »Aber gibt es nicht, na ja, irgendeinen Ort, wo es ein bißchen aufregender zugeht? Ich habe Millionen Meilen zurückgelegt. Ich habe jahrelang auf diesen Urlaub gespart.«

»Nicht die Art von Aufregung, die Sie suchen, Mister«, sagte ich und drehte mich um nach Diane.

Aber sie war nicht da.

»Diane!« schrie ich und hörte meine Stimme übertönt vom vielstimmigen Geschrei der Menge. »Diane, wo bist du?«

Keine Antwort.

»Stimmt was nicht?« fragte der Erdler. Aber ich hatte keine Antwort für ihn. Da stimmte etwas nicht – ganz und gar nicht, aber er konnte nichts dagegen tun.

Sie war verschwunden. So sehr ich auch suchte, ich konnte sie nicht finden. Quayle. Es mußte Quayle gewesen sein. Irgendwie hatte er in den Minuten, während ich sie aus den Augen ließ, mit seiner Rache begonnen.

3

Verzweifelt lief ich ins Hotel zurück. Wohin sollte ich sonst?

Der Portier sah mich merkwürdig an. Ich weiß nicht, wie ich es sonst ausdrücken soll. Es war die Art von Blick, die ich von jedermann erntete, als ich gerade auf der Venus gelandet war, aber ich hatte ihn nicht mehr bemerkt, seit ich für das Leben hier konditioniert worden war und den Brustschild abgelegt hatte.

Ich fuhr mit dem Lift hinauf, und der Blick des Portiers verschwand aus meinen Gedanken wie ein Niemand im Nebel. Es gab keinen Platz dafür. Das einzige, wofür ich Sinn hatte, war Diane, Diane, die verschwunden war. Ich eilte durch den Korridor und sperrte mit zitternden Fingern die Tür auf.

»Diane!« rief ich.

Aber die Antwort blieb aus.

Diane war nicht da. Das Zimmer war leer – unser Zimmer. Wir waren heute früh eingezogen, dann weggegangen, um ihre Scheidung einzureichen, hatten gegessen, ein bißchen Zeit vertrödelt und schließlich beschlossen, das Wasser zu besuchen, weil wir in Ferienstimmung waren.

Aber diese Stimmung war verflogen. Es war nur der Schimmer einer Hoffnung gewesen, daß sie ins Hotel zurückgekehrt sein mochte, aber jetzt gab es nicht einmal mehr ihn . . .

Und dann schaute ich mir das Zimmer genauer an. Es war unfaßbar, so als habe mir jemand ins Gesicht geschlagen.

Die Zigarettenstummel lagen noch in den Aschenbechern.

Ein feuchtes Handtuch hing zerknüllt über dem Halter.

Auf einer Stuhllehne hing Dianes Nachmittagsthermoanzug schlaff herab und griff mit leeren Armen nach dem Papierkorb.

Das Zimmer war nicht aufgeräumt worden.

Ich drehte mich langsam um und starrte die Tür an, wußte aber schon vorher, was ich finden würde.

An der Tür klebte ein rosaroter Zettel – rosarot, die Farbe der Beschwerdeformulare für Zimmermädchen, Butler und Hausangestellte. Ich las ihn mit kalter Aufmerksamkeit, obwohl ich schon wußte, was dort stand.

Beschwerdebericht

Betrifft: Zimmer 1635, Mr. und Mrs. Oliver Sawyer.
Von: Joyce Trulove, Zimmermädchen Etage 16.

An diesem Datum haben die Obengenannten die Unterzeichnete am Telefon grob angefahren und Bedienung verlangt.
Sie sagten: ›In diesem Zimmer herrscht entsetzliche Unordnung.‹
Und: ›Kommen Sie gefälligst sofort her, und machen Sie sauber.‹
Die Unterzeichnete beabsichtigt, vor dem Beschwerdeausschuß Klage zu erheben, und lehnt es bis dahin ab, mit den Obengenannten noch einmal in Verbindung zu treten.

Unterzeichnet:
J. Trulove, ZB&H Nr. 886.

Ich öffnete die Tür und fuhr zur Halle hinunter.

Der Empfangschef lächelte breit, seine Verachtung war nicht zu übersehen.

»Ja, Mr. Sawyer. Das Zimmer? Oh, tut mir leid, Mr. Sawyer. Der Beschwerdebericht – sicherlich ein Irrtum, wie ich glaube. Aber das Zimmermädchen –«

»Was ist mit dem Zimmermädchen?« sagte ich gepreßt.

»Ach, Sie wissen ja, Mr. Sawyer. Sie lassen sich nicht gern herumkommandieren. Man kann es ihnen nicht übelnehmen.«

Ich nahm mich zusammen.

»Passen Sie auf. Wir haben mit dem Zimmermädchen überhaupt nicht gesprochen. Begreifen Sie denn nicht? Wir wollen heiraten. Wir kamen an, stellten die Koffer ab, aßen hier unten schnell einen Bissen, und das war alles. Abgesehen davon waren wir nicht einmal im Hotel.

»Ah. Im Speisesaal, ja.«

Ich sah ihn an.

»Was ist mit dem Speisesaal?«

Er zuckte schwach die Achseln.

»Sie wissen ja, Mr. Sawyer. Es tut mir leid, daß ich Ihnen das sagen muß, aber im Speisesaal liegt auch eine Beschwerde vor.«

»Unmöglich!«

Der Empfangschef flüsterte nachdenklich: »Mr. Sawyer, soll das heißen, daß ich lüge?«

Ich sagte schnell: »Nur ein Irrtum, meine ich. Ich erinnere mich genau an alles, was im Speisesaal vorgegangen ist. Die Kellnerin war geradezu wunderbar. Wir haben sogar mit ihr gesprochen! Und ich habe ihr ein großes Trinkgeld gegeben! Und –«

»Entschuldigen Sie, Mr. Sawyer, ich habe sehr viel zu tun.«

Ich nahm die Warnung ernst.

Es schien nur eine Möglichkeit zu geben.

Ich ging durch die Hotelhalle. Es war, als gehe man durch einen halb zerlaufenen Cocktail – rings um mich schwamm Eis. Die Atmosphäre war geronnen. Die Pagen schauten her, sahen mich aber nicht; die Liftführer schauten durch mich hindurch auf den Portier, nahmen mich aber nicht wahr. Am Eingang zum Speisesaal saugte die Hostess an einem Zahn, starrte an die Wand und summte leise vor sich hin.

Ich ging neben ihr vorbei. Sie blinzelte nicht einmal.

Ich fand einen Tisch und setzte mich.

Nach etwa einer Viertelstunde kam eine Kellnerin an meinen Tisch.

»Miss«, sagte ich eifrig, »ich –«

Aber sie überprüfte mit geübtem Auge das Gedeck und entfernte sich wieder.

Ich blickte ihr nach. Minuten vergingen.

Ich räusperte mich.

»Miss«, sagte ich erneut zu der Kellnerin, als sie an den Nebentisch trat, um eine Bestellung aufzunehmen. »Miss!«

Aber sie reagierte nicht, ebensowenig die Gäste am Nebentisch nach einem kurzen, neugierigen Blick.

Es war tatsächlich die totale Sperre; man schnitt mich vollkommen.

Ich drehte mich zum Tisch zurück und sah noch den Rücken einer anderen Kellnerin. Einen Augenblick lang hegte ich den verrückten Gedanken, sie habe mich bedienen wollen. Aber das war falsch. Sie war an meinem Tisch gewesen; der Beweis lag vor mir, ein Blatt hellgrünes Papier.

Ich las den Text.

Es war schlimm.

Das rosarote Formular des Zimmermädchens war schon arg genug gewesen. Es bedeutete, daß kein Mitglied der Teilgewerkschaft mir je in einem Hotel ein Zimmer saubermachen würde, solange der Beschwerdebericht noch offen war. Aber das hieß lediglich, daß ich nicht in einem Hotel wohnen konnte, und es gab schließlich noch andere Möglichkeiten, wenn ich mir Mühe gab. Es war nicht tödlich.

Das grüne Formular war ernster. Es stammte von den Köchen, Kellnern und Restaurantangestellten:

Beschwerde

Betrifft: Oliver Sawyer
Vergehen: Absichtlich zu niedriges Trinkgeld gegeben.

Miss Gina Sortini, in diesem Restaurant tätig, bediente den Obenerwähnten beim Mittagessen. Der Gast schien mit der Bedienung zufrieden zu sein und beklagte sich nicht. Dazu hatte er nach den eidesstattlichen Erklärungen von Oberkellner, Hostess und Kassiererin auch keinen Anlaß. Nachdem der Gast gegangen war, fand die Kellnerin zwei Pennies unter dem Teller. Es handelte sich nicht um Zerstreutheit. Die Kellnerin erinnert sich deutlich, gesehen zu haben, wie der Gast Geld unter den Teller legte, worauf die Begleiterin des Gastes, eine junge Frau, über das Trinkgeld eine Bemerkung machte und Gast und Begleiterin lachten und ein paar Witze rissen. Die Angelegenheit wurde heute dem Beschwerdeprüfer übergeben.

Und das hieß, daß ich essen oder verhungern mochte, aber beides nicht in irgendeinem öffentlichen Lokal in Grendoon.

Ich erinnerte mich an Dianes Bemerkung und unser Lachen – es stimmte! Aber das Trinkgeld war extra groß gewesen; ich sei extravagant, hatte sie erklärt.

Ein Irrtum war das hier nicht. Es steckte Absicht dahinter. Zweifel waren nicht mehr möglich.

Ich stand auf und ging langsam durch den Speisesaal. Ich war der Unsichtbare. Ich trat in die Halle, zögerte, ging zur Tür. Ich trug noch immer meinen Thermoanzug; ich war nicht lange genug in meinem Zimmer geblieben, um ihn auszuziehen. Ich ging ohne Hoffnung hinaus in die heiße, graue Nacht.

Auf den breiten Stufen war Gepäck gestapelt. Ich stolperte darüber, zögerte, schaute genauer hin.

Es war meins.

4

Ich mietete einen gepanzerten Wagen und raste zum Raumflughafen. Zum Glück waren bislang nur Hotels und Restaurants betroffen.

Aber mehr würde hinzukommen – Quayle würde niemals aufhören –, ich mußte mich eines Tages stellen und eine Antwort finden oder die totale Auslöschung meiner Persönlichkeit miterleben, die sich dadurch ergab, daß man wie irgendein anderer Niemand gemieden wurde. Aber jetzt wollte ich mich nicht damit befassen, nein, nicht, bis ich Diane gefunden hatte.

Es war nichts als Verzweiflung, die mich zum Raumflughafen trieb. Rätselhaftes Dröhnen neben der Bandstraße verriet, daß die

Riesenmaschinen in den Ag-Feldern am Werk waren. Ich bog an einer Kreuzung ab und schob mich vorsichtig in die rechte Querstraße, während der Sonar-Orter Signale in den Nebel schickte, auf der Suche nach entgegenkommenden Fahrzeugen. Schlagartig zuckte weißes Licht auf, dann gab es eine ohrenbetäubende Explosion.

So war es überall, außerhalb von Grendoon und den anderen kleinen Städten. Ohne Energie kann man einen Planeten nicht umgestalten.

Und Energie kann gefährlich sein – daher die Konditionierung.

Ich fuhr durch einen flammenden Zaun natürlicher Gasfontänen in den Raumflughafen. Eine Rakete setzte zur Landung an. Die Gebäude ragten merkwürdig hoch in den Dunst – es war seltsam, ein zweistöckiges Haus zu sehen. Aber obwohl ich viel erkennen konnte, vermochte ich Diane nicht zu entdecken.

Niemand kam auf dem Weg vor dem Parkplatz weinend auf mich zu. Ich schaute genauer hin. Es war Vince Borton.

Ich kannte ihn – *hatte* ihn gekannt –, als er am Leben gewesen war, aber es würde eine Zeit kommen, in der ich nicht mehr in der Lage sein würde, eine solche Unterscheidung zu treffen. Er war typisch für die Sorte, die sich an den Docks herumtreibt und von den Touristen milde Gaben erbettelt. Vorher war er Farmer gewesen. Um genau zu sein, zusammen mit mir. Noch genauer, er war mit derselben Rakete wie ich von der Erde gekommen. Und hatte mit mir bei Quayle zu arbeiten angefangen. Gemieden wurde er, weil man ihn dabei ertappt hatte, daß er Geld aus Quayles Pensionskasse stahl. Er schluchzte: »Mister, bitte! Wenn ich nicht etwas zu essen bekomme, muß ich –«

»Ich kann dir nicht helfen, Vince«, sagte ich.

Er starrte mir nach, ein abgerissener Niemand mit plattfüßigem Gang und einem Ausdruck von Entsetzen und Überraschung.

Man sprach nicht mit Niemand.

Aber wenn man es tat, verweigerte man die Hilfe nicht.

Und die einzige Erklärung für ein Verhalten wie das meine war, daß ich selbst im Begriff stand, ein Niemand zu werden.

Eine hohe, selbstbewußte Stimme sagte hinter mir: »Was ist los, Freund? Sie sehen nicht so glücklich aus wie bei unserem letzten Zusammentreffen.«

Ich drehte mich um. Ich sah ein goldglänzendes Brustschild mit dem Wort ›Besucher‹ in Brillanttinte.

Es war der Erdler, den ich am Wasser gesehen hatte.

»Hallo«, sagte ich kurz.

Ein gewaltiges Brüllen drang aus dem Nebel über mir. Mit kreischenden Düsen sank die Rakete von der Erde auf den Landeplatz herab, zielte mit einem Flammenfinger auf die Venus, um sie zu zerstören, und umarmte sie dann.

Und es begann von neuem.

Es gab eine Menschenmenge wie immer, wenn eine Rakete landet. Ein hochgewachsener, schlanker Mann in einem Thermoanzug von Agrikulturgelb stieß mich beinahe an. Er nickte höflich und wollte sich abwenden.

»Ha-*tschii!*« Ich nieste, desgleichen der Erdler zwei gewaltige, donnernde Nieser.

Der Agri wirbelte herum. Sein Gesicht war fleckig vor Zorn – oh, weit mehr, als es das Vergehen rechtfertigte!

»Was ist los mit Ihnen?« fuhr er mich an.

Ich sagte hastig: »Es tut mir leid, sehr leid. Entschuldigen Sie – uns«, fügte ich hinzu, obwohl der Erdler nicht viel zu verlieren hatte. Ich zog den Erdler eilig mit.

Er sah mich mit Augen wie Fragezeichen an.

»Niespulver«, sagte ich leise.

»Was?«

»Damit ich ihn anniesen mußte.«

»Was?«

»Es tut mir leid, daß ich Sie mit hineingezogen habe, aber das Brustschild schützt Sie. Lassen Sie mich lieber allein.«

Er starrte mich mit zweifelnden Augen und schmollend vorgeschobenen Lippen an.

»Hören Sie, ich bin hier fremd, aber da komme ich nicht mit. Weshalb das Niespulver?«

»Um Ärger zu machen.«

»Ärger.« Er dachte nach und gab dann zu: »Ich habe von diesen Dingen gehört. Ihr Venusier habt euer eigenes System. Nicht wie auf der Erde.«

»Nein.«

»Keine Gewalt, wie?«

»Wir können sie uns nicht leisten.«

Er nickte.

»Ich weiß. Man hat es mir im Reisebüro erklärt. Es hängt irgendwie mit der Konditionierung zusammen. Die Venus ist ein neuerschlossener Planet, und in allen Pioniergebieten herrschen dieselben Verhältnisse. Jeder neigt dazu, den anderen umzubringen. Vor allem mit den heuzutage so wirksamen Waffen.«

»Wir brauchen sie, wegen der Saposaurier. Aber nicht nur Waffen.«

»Nein, ich weiß Bescheid. Sprengstoffe, riesige Maschinen, die einen Menschen zu Konfetti zerreißen könnten. Also konditioniert man euch gegen Gewalt, wie? Egal, was geschieht, sobald ihr bearbeitet worden seid, könnt ihr keinen mehr umbringen. Und wenn jemand es wirklich auf einen anderen abgesehen hat –«

»Schneidet er ihn total.« Ich nickte. »Sie sind im Bild. So ergeht es zur Zeit mir. Bleiben Sie lieber weg von mir –«

»Dunlap.«

»Wie Sie auch heißen mögen. Ich will Sie nicht in Schwierigkeiten bringen.«

Ich drehte mich um und ließ ihn stehen. Die Welt war heiß und leer ohne Diane; ich wollte sie nicht mit ihm teilen.

Aber ich hatte nicht viel zu teilen.

Sogar weniger, als ich glaubte.

*

Ich marschierte hinaus zum Parkplatz, und da war der Agri wieder. Er stand auf dem Weg. Die Düsen waren abgeschaltet, der Nebel sank wieder herab. Ich überlegte mir, ob ich um ihn herumgehen sollte, aber der Weg war schmal.

Ich nickte höflich.

»Verzeihung«, sagte ich förmlich.

Er sah mich an, erkannte mich, zeigte Verärgerung.

Dann öffneten sich seine Augen weit, und seine Miene verriet höchsten Zorn – Verachtung – *Haß*.

»Was – was ist los?« stammelte ich.

Er wandte sich wortlos ab, so eisig wie die Kellnerin im Hotel, so vollständig, wie nur je ein Mensch einen Niemand geschnitten hatte.

Es ergab keinen Sinn.

Selbst wenn er einer von Quayles Leuten war, gab es dafür keinen Grund. Ich beobachtete ihn ungläubig.

Im Dunst sah ich ihn stehenbleiben und mit einem Polizisten sprechen. Dann ging der Agri weiter, und der Polizist kam langsam auf mich zu. Ich nickte höflich.

Der Polizist sah durch mich hindurch. Er sah mein Gesicht und merkte es sich, aber er sah es auch wieder nicht, gar nicht. Er blickte einen Augenblick nachdenklich auf meine Brust, drehte sich um und ging zum Parkplatz zurück.

Ich folgte ihm.

Er trat an meinen Wagen, zog ein amtliches Elektrosiegel heraus, sperrte ihn ab. Auf die Tür klebte er einen Zettel mit dem knallroten Wort: ›Beschlagnahmt‹.

»He!« schrie ich. »Was soll das?« Dafür gab es keinen Grund! Das war die Behandlung, die für die schlimmsten Straffälligen vorgesehen war – für Diebe wie Vince, für Mörder durch Zufall, für diejenigen, die sich ohne Grund der Meidedienste bedienten . . .

Und für noch eine Kategorie.

Ich berührte meine Brust.

Ein scharfrandiger Metallstern kratzte an meinem Finger. An

meinem Thermoanzug war eine Plakette befestigt – nein, ein Brustschild. *Das* Brustschild. Das Wort ›Besucher‹ flammte.

Ich trug das Brustschild ohne Berechtigung. Es war das schlimmste Verbrechen der Welt.

Man hatte mich hereingelegt.

5

Ich hastete auf den Bandstraßen zurück wie ein fliehendes Gespenst auf der Suche nach Hilfe. Die einzige Hilfe, die es für mich jetzt noch geben konnte, war bei dem Erdler zu finden.

Vince Borton griff aus dem Nebel nach mir, als ich vorbeikam.

»Oliver! Du auch?«

»Ich auch.«

»Aber warum?«

Ich sagte grimmig: »Arthur Quayle, deshalb. Leb wohl.« Aber er folgte mir.

Ich fand Dunlap in einer aufgebrachten Unterhaltung mit einem anderen neuen Erdler, der eben sein Brustschild anlegte.

»– miese Gegend, nicht wert, daß man sie mit Plutonium in die Luft sprengt! Hören Sie auf meinen Rat, Mann. Kehren Sie um. Gehen Sie in die Rakete zurück und –«

»Dunlap.«

Er drehte sich um und sah mich an.

»Ach, Sie.«

»Können Sie mir helfen?«

»Wie meinen Sie das?« fragte er argwöhnisch. »Ich will nichts als weg hier, Freund. Ich will hier nicht in Schwierigkeiten kommen.«

»Das geht gar nicht. Sie tragen das Brustschild.«

»Mag sein.«

»Sie gehen kein Risiko ein! Erinnern Sie sich? Wir Venusier können keine Gewalt anwenden. Das ist das erste, was wir machen, wenn wir das Schild abnehmen. Wir werden dagegen konditioniert. Und allem anderen gegenüber sind Sie immun. Dafür ist das Schild da.«

»Hm. Sie haben mir nicht gesagt, was Sie wollen.«

»Sie sollen mitkommen und sich ansehen, wie die anderen leben. Im Terra-Klub.«

»Was ist im Terra-Klub?«

»Albert Quayle«, sagte ich.

Vince ging uns um eine Fahrt zurück in die Stadt an – in Dunlaps Wagen. Ich ließ es zu, vorausgesetzt, daß er hinten Platz nahm.

Er grinste mich schief an.

Aber ich konnte mich nicht entschuldigen, weil wieder Atomexplosionen stattfanden und der Lärm für kurze Zeit alles übertönte.

»Was soll denn das alles?« fragte Dunlap aufgebracht.

»Das ist der Grund, Dunlap.«

»Die Sprengungen? Der Grund wofür?«

»Der Grund für die Konditionierung. Jeder Mensch ein Titan. Wir sind auf der Venus. Haben Sie von den Saposauriern gehört?«

»Saposaurier?« Er nickte. »Eine Art intelligenter Echsen, wie? Aber sie mögen die Menschen nicht. Sie bleiben im Hinterland.«

»Die meiste Zeit. Nicht immer. Schauen Sie.« Ich deutete auf die im Wagen eingebauten Maschinengewehre. »Die braucht man, Dunlap. Es ist zu gefährlich, ohne ausreichende Bewaffnung auf der Venus unterwegs zu sein. Und die Werkzeuge! Der Wallow ist mit Plutonium ausgehoben worden. Die ganze Venus war Morast. Ohne die atomaren Explosionen würden wir noch immer im Schlamm leben.«

Er sagte heiser: »Im Wagen haben wir aber von den Saposauriern nichts zu befürchten, oder?«

»Nur, wenn einer auftaucht.«

»Oh«, sagte er.

Vince Borton meldete sich vom Rücksitz voll Eifer – es mußte eine Freude für ihn sein, wieder reden zu können.

»In den Feldern gibt es genug davon. Zur Nachtzeit nicht so sehr. Sie kommen in den Tageslichtmonaten, wenn starker Nebel herrscht.«

»Weshalb?«

»Sie schätzen Messer«, erklärte ihm Borton. »Sie sind nicht besonders intelligent – so eine Art Gorillas plus fünfundzwanzig Prozent. Aber sie sind schlau genug, um zu wissen, daß Stahl länger hält als ihre Zähne und Klauen. Feuer haben sie nie besessen und brauchen es auch kaum. Stahl ist etwas anderes. Sie brechen einen Wagen auseinander, wenn sie können, nur um die gezackten Metallsplitter als Waffen zu verwenden.«

Dunlap sagte langsam: »Aber – na gut, zugegeben, daß Sie starke Sicherungen gegen Gewalttätigkeit brauchen, weil soviel Plutonium greifbar ist, und Waffen als Schutz gegen die Saposaurier. Aber was soll diese Methode, Menschen zu ignorieren, bis sie nicht mehr existieren?«

»Sie werden gemieden«, verbesserte ich. »Geschnitten. Irgendeine Methode muß es geben, Dunlap. Die Gemeinschaft kann gesellschaftswidriges Verhalten nicht dulden! Sehen Sie, wenn jemand meine Frau beleidigt, kann ich ihm keinen Faustschlag geben – ich wüßte nicht, wie. Die Gemeinschaft braucht Schutz gegen –«

»Gegen dich und mich«, sagte Vince traurig.

Wir hielten kurz, setzten Vince am Stadtrand ab und fuhren zum Terra-Klub.

»Es ist heiß«, klagte Dunlap. »Ich kann soviel Hitze nicht vertragen.«

»Sie sind aus eigenem Entschluß hergekommen.«

»Aber ich kann diese Hitze nicht aushalten!« Er war unwirsch und gereizt, weil ihm nicht gefiel, worauf er sich einließ, das stand für mich fest.

»Achten Sie auf den Weg«, sagte ich.

Lichter tauchten auf und schwankten wie pastellfarbene Geister im Nebel. Ein Mann war zu erkennen. Er sah mich an, durch mich hindurch und nickte Dunlap zu.

»Schon«, sagte ich.

»Was?«

»Lassen Sie nur.« Aber es war ein Schlag. Die Polizei verhielt sich nicht wie die Gewerkschaftsgruppen: Sie begnügte sich nicht damit, einen Protest einzulegen und ihre Mitglieder zu verständigen. Jetzt wurde ich von allen gemieden; jeder Mensch in Grendoon würde mein Bild im 3-D-Fernsehen gesehen haben.

»Hier abbiegen, Dunlap«, sagte ich. Mein Herz schien aus Blei zu sein.

Das Schild an der Straße tutete leise, als wir näher kamen, das Ortungsgerät erfaßte uns, und die orangefarbenen Buchstaben ›Terra-Klub‹ flammten auf.

Wir traten ein.

Der Geschäftsführer begrüßte uns liebenswürdig – freut-mich-sehr-und-schönen-guten-Abend. Ich trat ins Licht, wo er mich besser sehen konnte, und ich war ein Gespenst. Er konnte mich überhaupt nicht sehen.

Ich zog meinen Thermoanzug aus, Dunlap folgte meinem Beispiel. Das Mädchen an der Garderobe nahm den seinen, aber mir blieb nichts anderes übrig, als meinen Anzug über die Schulter zu werfen.

»Verlangen Sie einen Tisch für zwei Personen, Dunlap«, sagte ich gepreßt.

»Ich möchte einen Tisch – für zwei Personen.«

»Der Herr erwartet jemanden«, sagte der Geschäftsführer höflich.

»Sagen Sie ja, Dunlap.«

»Ja.«

»Sehr wohl, Sir.« Der Geschäftsführer brachte Dunlap zu einem Tisch unmittelbar an der Tanzfläche. Dieser Tisch war für mich, nicht für Dunlap, aber das wußte Dunlap nicht. Der Geschäftsführer wollte es so. Er wünschte, daß man mich sah. Ich meine, nicht *sah,* sondern eben nicht-sah. Damit jeder, der mich nicht sah, mich genau sehen konnte. So genau, um zu wissen, daß man mich nie mehr sehen würde.

Der Tisch war für zwei Personen, aber der Geschäftsführer zog nur einen Stuhl heraus. Ich mußte mich um meinen selbst bemühen. Als der Kellner kam, stülpte er nur ein Glas um, legte eine Serviette zurecht und reichte eine Speisekarte.

»Dem Himmel sei Dank für Ihr Schild«, meinte ich. »Bestellen Sie mir einen Whisky, Dunlap. Und ein Sandwich.«

»Zwei Whisky und ein Sandwich.« Dunlap sah mich an. »Schinken?«

»Egal.«

»Schinken, oder was Sie sonst haben.«

Der Kellner sah ihn an und zuckte die Achseln.

Er brachte die beiden Gläser und stellte sie vor Dunlap hin.

Es machte mir nichts aus, mich über den Tisch zu beugen, um das meine zu ergreifen. Ich schlang das Sandwich hinunter; ich hatte bereits Hunger. Später würde es schlimmer werden, aber so weit blickte ich noch nicht in die Zukunft. Ich hob mein Glas.

»Verwirrung unseren Gegnern.«

Dunlap wurde immer nervöser.

»Aber ich weiß doch nicht«, sagte er mürrisch. »Ich meine, es sind doch eher *Ihre* Gegner, oder? Ich frage mich, ob ich mich da wirklich einmischen soll. Es handelt sich doch eigentlich um eine private Meinungsverschiedenheit.«

»Um einen privaten Mord.«

»Na schön, verdammt noch mal! Aber Spaß macht das keinen, Oliver. Und es kostet mich Geld.«

»Geld?« Ich griff in die Tasche und legte meine Brieftasche vor ihn hin. Er starrte mich an. »Behalten Sie sie. Mir nützt sie nichts. Buchstäblich gar nichts. Es gibt keinen Menschen in Grendoon, der etwas verkauft und von mir Geld nehmen würde.«

Er wurde nachdenklich, öffnete die Brieftasche und pfiff durch die Zähne.

»Verdammt viel Geld, Oliver.«

»Was? Tja, warum nicht?« Ich leerte mein Glas. »Ich habe fast sechs Monate für Quayle gearbeitet. Draußen in der Wildnis. Harte Arbeit, Saposaurier abwehren, mit Plutonium umgehen. Fragen Sie Vince Borton, er war dabei. Dann –«

»Was dann?«

»Dann unterhielt ich mich mit Quayles Frau. Sie haben sie gesehen – unten am Wasser.«

Dunlap sah mich mit einem merkwürdigen Ausdruck an.

»Na schön«, sagte ich. »Sie war seine Frau. Aber Sie kennen ihn nicht, Dunlap! Eine Ratte. Er hat ihr das Leben zur Hölle gemacht. Kaum zu ertragen als Arbeitgeber – man möchte nicht glauben, daß er konditioniert ist, eine solche Sprache gebraucht er. In der Stadt würde man ihn meiden, aber draußen in der Wildnis herrschen andere Sitten. Vor allem dann, wenn der Betreffende der Chef ist.«

»Aber ich kenne diesen Quayle nicht einmal!« murrte er.

»Jetzt kennen Sie ihn«, sagte ich und zeigte zur Tür. »Da kommt er.«

Quayle war eine Kröte, mit dem Gesicht und den Zügen einer Kröte.

Drei Männer begleiteten ihn – Aufseher von den Farmen, massige Männer, rauhe und hartgesottene Männer, von der Art, die sich an ihn anzuschließen schien. Und eine Frau, eine Frau im scharlachroten Kleid.

Das mußte Dianes Nachfolgerin sein. Auf Quayle war Verlaß! Er blieb nicht lange ohne Frau, und es mußte immer eine Schönheit sein. Diane war durchaus nicht die erste gewesen – er hatte drei von ihnen geheiratet. Sie war eine; die anderen beiden waren draußen in der Wildnis gestorben. Nicht in Anführungszeichen ›gestorben‹; die eine war einem Saposaurier in den Weg geraten, die andere im Sumpf verschwunden. Auf diese Weise hatte Quayle den

Platz erreicht, den er jetzt einnahm – sie waren reich gewesen, und er hatte von beiden geerbt.

Seine Krötenaugen schauten sich im Lokal um.

Er sah mich nicht. Es war ganz deutlich, daß er mich nicht sah. Nachdem er damit fertig war, mich nicht zu sehen, flüsterte er einem der Männer etwas zu; der Mann schnippte mit den Fingern, flüsterte mit dem Kellner, und der Kellner flüsterte zurück.

Albert Quayle lächelte krötenhaft. ›Ach ja, leb doch noch eine Minute‹, sagte das Lächeln. ›Leb noch eine Minute, laß dich vom Schild eines Erdlers schützen. Er wird nicht ewig bleiben. Und dann bist du tot.‹

Und er hatte recht, es sei denn, ich fand einen Weg.

Das erste war, Dunlap auf meine Seite zu ziehen. Ich mußte ihm zeigen, womit ich es aufzunehmen hatte.

»Bestellen Sie noch zwei Whisky«, sagte ich.

Als der Kellner gegangen war, flüsterte ich: »Hören Sie genau zu. Sie glauben nicht, daß mich diese Geschichte das Leben kosten kann, nicht wahr? Sie glauben nicht, daß es tödlich sein kann, einen Menschen einfach zu ignorieren? Passen Sie auf.«

Er machte ein finsteres Gesicht und wirkte beinahe so krötenhaft wie Quayle.

»Halt, Oliver! Was haben Sie vor? Wenn Sie diesen Quayle umbringen oder –«

»Wenn ich das nur könnte! In diesem Augenblick kam der Kellner zurück. Ich nahm ihm ein Glas aus der Hand. Er warf einen Blick auf das zweite und sagte ruhig: »Sie wollten zwei Whisky, nicht? Ich hole einen zweiten. Verzeihung, Sir.«

»Jetzt passen Sie auf.« Ich nahm das volle Glas und überquerte die Tanzfläche.

Niemand stieß mich an, obwohl die Kapelle spielte und die Tanzfläche voll war. Niemand bemerkte, daß ich vorhanden war. Man tanzte sorgfältig um ein sich bewegendes Vakuum herum, um ein Vakuum, das Oliver Sawyer hieß.

*

Ich erreichte Quayles Tisch und starrte ihn einen Augenblick an. Die Frau bewegte sich nervös, aber sonst ließ sich niemand anmerken, daß einen Meter vor ihnen ein Mann stand. Ich rief laut: »Quayle!«

Keine Antwort, keine Reaktion. Nur die Frau blinzelte.

»Quayle«, rief ich, »Sie sind ein gemeiner, hinterhältiger Mörder! Sie schneiden mich in den Tod, weil ich Ihnen Ihre Frau weggenommen habe!«

Und ich schüttete ihm den Whisky ins Gesicht.

Er bewegte die Lider – der Whisky brannte in seinen Augen –, aber das war alles, was ich sehen konnte. Ich stürzte zu Boden und wand mich.

Das ist die Konditionierung, verstehen Sie. Die Muskeln sind vorhanden, das Gehirn kann Mord denken, aber sobald der Gedanke in die Tat umgesetzt werden soll, auch wenn es kein Mord wird, wenn es Gewalt in irgendeiner Form ist – dann setzt der konditionierte Reflex ein. Man denke an eine weißglühende Eiserne Jungfrau von Nürnberg, deren Dornen sich um einen schließen. Man denke an einen epileptischen Anfall. Man denke an Lebendig-gekocht-werden. Man nehme all das zusammen.

Leider verlor ich nicht das Bewußtsein, obwohl sich alles rasend schnell um mich drehte und ich nichts sehen konnte als das zerquälte Gesicht eines Riesen, fleckig und wütend, während der Whisky an seiner Nase hinablief.

Nach einigen Minuten stand ich schmerzgequält auf.

Die Tänzer hatten mich alle umringt, aber kein Fuß berührte mich; alle Personen im Raum mußten es gehört und gesehen haben, aber man merkte nichts davon. Die Musik spielte. Der Terra-Klub war voll Fröhlichkeit und Gelächter. Ich ging schwankend zu unserem Tisch zurück.

Vince Borton stand dort und flehte Dunlap um irgend etwas an, aber seine Augen waren auf mich gerichtet.

»Du verdammter Narr! Was, hast du dir gedacht, kannst du damit beweisen?«

»Noch Whisky«, sagte ich heiser.

Dunlap schob mir eines seiner Gläser hin. Er wirkte betroffen.

»Das war die Konditionierung?«

Ich nickte.

»Du bist verrückt, Oliver!« sagte Vince. »Komm weg hier. Ich wollte dir etwas sagen, aber –«

»Stellen Sie sich vor, wie es gewesen wäre, wenn ich versucht hätte, ihn zu töten«, sagte ich.

»Das kann ich nicht«, gab Dunlap zu.

»Es hätte mich umgebracht.«

»Es hätte dich umbringen *sollen*!« fauchte Borton. Und während wir uns anschrien, feierte rings um uns der Terra-Klub.

Ich sagte: »Vince. Bitte – laß mich in Ruhe.«

Er wurde plötzlich ruhig.

»Gut.« Er sagte nachdenklich: »Hör zu. Komische Sache. Du weißt, daß du Quayle den Schnaps ins Gesicht geschüttet hast?«

»Ja. Ich weiß.«

»Aber weißt du, was er getan hat?« Er nickte befriedigt, als er meine Miene sah. »Er wollte auf dich *los*gehen.«

»Aber daran ist doch nun wirklich nichts Besoneres«, wandte Dunlap ein.

»Nein? Obwohl Sie eben gesehen haben, was mit Oliver passiert ist?«

»Mhm. Verstehe«, sagte Dunlap nach kurzer Überlegung, aber er zuckte die Achseln. »Na gut«, meinte er. »Sie haben mich überzeugt. Sie haben sich bewußt darauf eingelassen, um einen Beweis zu liefern, also muß ich wohl zugeben, daß Sie ihn geliefert haben. Und was nun?«

»Helfen Sie mir, Dunlap.«

»Wie denn?«

»Zuerst möchte ich Diane finden. Ich muß sie finden! Aber ich kann mit keinem Menschen sprechen, und deshalb müssen Sie –«

»Nein, eben nicht«, unterbrach mich Borton. »Deshalb bin ich ja hergekommen.«

»*Wes*halb?«

»Um dir zu sagen, wo Diane ist.« Borton zupfte an seiner zerlumpten Mütze. »Ich habe es von einem anderen Niemand gehört. Du weißt ja, wie es ist – geteiltes Leid ist halbes Leid. Wenn ein Neuer gemieden wird, wissen wir gleich alle Bescheid.«

»Und Diane?«

Er nickte.

»Gemieden. Sie ist drüben im Wasser, auf einer Insel, das Wasser steigt ständig, und niemand hilft ihr.«

6

Im Freien vor dem Terra-Klub sagte ich: »Jetzt habe ich ihn! Ich habe Quayle in der Hand!«

Der heiße Nebel schloß sich um uns. Dunlap schien kaum atmen zu können. Er ächzte nervös: »Wovon reden Sie?«

Der Portier sah ihn neugierig an und wandte den Blick ab. Borton trat ihm fast auf die Zehen, aber der Portier nahm ihn nicht wahr.

»Ich rede von Quayle!« Das ist das Ende des Weges für ihn, das verspreche ich euch. Ich wollte das nicht tun, aber er läßt mir keine Wahl. Weil ich jetzt weiß, wo Diane ist, kann ich die ganze Sache hochgehen lassen. Wir holen sie, und dann – dann kommt das Ende für Quayle.«

Dunlap faßte sich an die Brust und streifte das Besucherschild ab. Er bückte sich und tastete danach. Als er sich aufrichtete, wirkte er etwas ruhiger.

»Wie?« fragte er.

»Mit ein bißchen Unterstützung von der Polizei. Wissen Sie, was er gemacht hat? Er hat den Saposauriern Stahlmesser in die Hände geschmuggelt. Ja! Das kann ich mit Dianes Hilfe beweisen. Das ist unser Trumpfas.«

»Aber hören Sie, was hat das mit Ihnen zu tun?«

»Alles! Weshalb, glauben Sie, werden wir geschnitten, Dunlap? Er steckt dahinter. Er hat Angst. Diane wußte alles. Sie mußte es wissen. Aber sie hätte nie etwas gesagt. Und ich auch nicht, weil sie es so haben wollte. Aber jetzt –«

»Ich weiß. Jetzt lassen Sie das Ganze hochgehen«, sagte er verächtlich.

»Darauf können Sie sich verlassen. Sobald wir die Wahrheit bekanntgeben, ist er erledigt. Dann wird er ein Niemand sein, nicht wir. Und dann können wir uns rechtfertigen. Die Gerichte werden uns anhören. Wir erreichen, daß das Urteil aufgehoben wird. Man wird mir glauben, wenn ich sage, daß ich das Schild nicht angelegt habe. Die Gewerkschaften werden uns freisprechen.« Ich grinste so zuversichtlich, wie es mir möglich war, obwohl ich mehr schwitzte, als der heiße Nebel rechtfertigte.

»Und das Bedauerliche dabei ist, daß Quayle es anders hätte haben können«, sagte ich. »Wir waren bereit, ihn notfalls zu kaufen.«

Sie starrten mich beide an wie Saposaurierjunge, die frisch aus dem Ei geschlüpft sind – verwirrt, überrascht und kampfeslustig.

»Oliver, was, zum Teufel, redest du da?« brauste Vince auf. »Du hast nichts, was Quayle möchte, außer Diane.«

»Da irrst du dich, Vince. Ich sagte schon, er besticht die Saposaurier mit Stahlmessern, damit sie seine Plantagen in Ruhe lassen und auf die anderen losgehen. Es gibt sehr viele Saposaurier. Und selbstverständlich verstößt es gegen das Gesetz.«

»Und?«

»Er kann nicht so viele Messer bekommen, wie er braucht«, erklärte ich geduldig. »Ich kann sie ihm aber besorgen. Jede Menge! Wir haben darüber gesprochen, Diane und ich, und das wollten wir ihm anbieten. Aber jetzt – nein. Jetzt herrscht Krieg.«

Dunlap sagte hartnäckig: »Erklären Sie mir das ein bißchen, ja? Wo wollten Sie sie besorgen?«

»Ich weiß, wo eine ganze Schiffsladung steckt! Haben Sie je von der ›Formidable‹ gehört? Altes Raketenschiff – ach, an die fünfundzwanzig Jahre her. Es stürzte ab. Das kam damals noch vor. Es verfehlte Glendoon um zwanzig Meilen und grub sich zwölf Meter tief in den Schlamm. Ich weiß aber, wo es ist.« Ich machte eine Pause. »Ich fand es, als ich für Quayle arbeitete, seine Entwässerungskanäle grub, mit seinem Plutonium sprengte. Ich wollte ihm eigentlich davon erzählen. Ich sagte es aber vorher Diane, und dann kamen wir beide ... Na ja, jedenfalls haben wir ihm nichts gesagt. Und es ist vollbeladen mit Messern. Das ist fünfundzwanzig Jahre her, wohlgemerkt. Damals handelte man noch mit den Saposauriern.«

Dunlap räusperte sich.

»Ich – äh – ich glaube, ich habe meine Brieftasche auf dem Tisch liegenlassen. Warten Sie einen Augenblick, ja? Ich bin gleich wieder da.«

Vince Borton starrte ihm nach. Er senkte die Stimme, damit der nichts hörende Portier wirklich nichts hörte, und fuhr mich an: »Oliver, du Idiot! Was hat es für einen Sinn, ihm solche Lügen zu erzählen?«

»Nein, Vince. Versteh mich nicht falsch. Es sind nur zum Teil Lügen. Ich weiß wirklich, wo die ›Formidable‹ abgestürzt ist – aber es sind nicht zwölf Meter Schlamm, sondern hundertzwanzig, und Quayles eigener Entwässerungssee mit tausend Morgen befindet sich genau darüber. Er wird das Schiff nie bergen können. Aber die Messer möchte er, solange er glaubt, sie seien zu beschaffen.«

»Und? Warum hast du dann dem Erdler davon erzählt? Warum nicht Quayle?«

Ich ging zurück zum Eingang des Klubs. Der Lärm im Lokal war groß, laut genug, um die fernen Explosionen zu übertönen. Ich konnte durch die doppelten Glastüren aber alles deutlich sehen.

Selbst durch die Tür auf der anderen Seite der überfüllten Tanzfläche konnte ich sehen, wie sich jemand zu Albert Quayle hinunterbeugte und mit ihm sprach; ich sah seinen besorgten Ausdruck, dann die veränderte Miene. Habgier funkelte in seinen Augen.

»Keine Sorge, Vince«, sagte ich leise. »Quayle weiß es.«

Es war nicht weit zum Wallow. Borton führte uns zum Ufer. Wir waren still, vor allem Dunlap.

Die Fackeln waren verschwunden, ebenso die meisten Leute. Nur vereinzelte Paare und Grüppchen waren zurückgeblieben, viele betrunken, alle im dichten Nebel unsichtbar. Das dicke Wasser war bis zum Rand des Laufbands gestiegen.

»Hier.« Vince hob das Sperrseil. Wir traten in knitschenden Schlamm. Das ferne Grollen der Explosionen trommelte noch immer am Horizont. Die Venus ist ein riesiger Planet, mit der vierfachen Landfläche der Erde. Es gibt viel zu sprengen, und der Knall von Plutonium trägt weit.

Aber über dem fernen Dröhnen hörte ich plötzlich etwas anderes. Eine dünne, ferne Stimme schnitt wie feiner Draht in mein Herz. Draußen in der Mitte des Sees stöhnte Diane.

»Helft mir! Bitte, das Wasser steigt immer höher.«

Und es waren Menschen in Hörweite – ziemlich viele, obwohl die meisten gegangen waren –, und sie hatten Boote, wenn sie sie benutzen wollten. Aber für sie existierte Diane nicht. Sie war ein Niemand. Ein Gespenst. Wenn irgend jemand wußte, daß sie lebte, so gab es kein Anzeichen dafür.

»Dunlap. Ein Boot.«

Er sah mich an.

»Los, Mann. Fragen Sie jemanden – irgend jemanden. Ihnen leiht man es, weil Sie das Schild tragen. Aber mit Borton oder mir spricht keiner.«

Er murmelte etwas vor sich hin und stapfte davon.

Als er im Nebel verschwunden war, sagte ich: »Also, Vince. Du weißt, was ich dir vor dem Klub gesagt habe. Tu es!«

»Ah, Oliver! Du bist verrückt! Weißt du überhaupt, worauf du dich da einläßt?«

»Möchtest du für den ganzen Rest deines Lebens gemieden werden?«

Er gab einen Brummlaut von sich und ging. Ich wußte, daß er nicht dafür war. Das spielte keine Rolle. Nur Diane und das Leben waren wichtig.

Jetzt stand ich allein im heißen, schleimigen Nebel, während mich Dianes fernes Schluchzen marterte. Ich hätte ihr gern etwas zugerufen, aber es gab einen Grund dafür, warum ich es nicht tat.

Aber die Zeit verstrich.

Das Becken füllte sich jetzt schnell mit dem aus den Bergen ablaufenden Wasser. Die Luft war zehn Grad kälter. Noch immer heiß – nach den Maßstäben der Erde schrecklich heiß, aber während unser Teil der Venus sich in den Schatten drehte, wurde Wasser aus der feuchten Luft gequetscht, und es mußte irgendwohin. Das Becken war jetzt eine hundert Morgen große Fläche dampfenden, schlammigen Wassers. Alles, was von dem roten Schlamm sechs Stunden zuvor übriggeblieben war, waren jetzt ein paar Inseln. Diane befand sich auf einer davon. Nach einiger Zeit, vielleicht sogar schon nach kurzer, würden alle Inseln verschwinden. Zur Zeit der Flut würde die seichteste Stelle im Becken zwanzig Meter tief sein. Und das Ertrinken war nicht die einzige Gefahr für sie. Das Wasser war heiß.

Die Zeit verging ...

Dann hörte ich Dunlaps keuchenden Atem und einen Augenblick später das Klatschen der Ruder.

»Hier!« rief ich.

Er fand mich Sekunden danach.

Ich kletterte an Bord, und wir ruderten ungeschickt auf den suppigen See hinaus, wobei wir uns an Dianes Schluchzen orientierten.

*

Sie rief ungläubig: »O Gott!«

Ich umfing sie im Nebel. Es war, als umarme Leander Hero, noch naß vom stürmischen Hellespont; es war Sinn und Zweck meines ganzen Daseins.

Dann spürte ich, wie sie plötzlich erstarrte.

Sie starrte angestrengt in den heißen Nebel. Mit einer Stimme, die brüchig klang, sagte sie: »Es ist – es ist der Erdler.«

Ich schaute mich höflich um.

Dunlap stand verlegen da, mit halbabgewandtem Gesicht.

Er räusperte sich.

»Ich kann das erklären«, entschuldigte er sich.

»Was erklären, Mr. Dunlap?«

Er griff sich an den Hals.

»Ich meine, ich dachte mir schon, daß sie so reagieren wird. Ich wußte, sie würde nicht verstehen, was geschehen ist. Da will ich Ihnen helfen, und –«

»Was ist geschehen, Dunlap?«

Diane fauchte: »Er ist es! Er hat dich absichtlich weggelockt, das schwöre ich! Dann kam der Nebel, erinnerst du dich? Und jemand packte mich. Packte mich!«

»Ich weiß, Liebling.«

»Aber mit *Gewalt*. Wie ein Erdler. Er muß es gewesen sein. Er packte mich und brachte mich mit einem Boot hierher. Und ließ mich allein. Dann kamen Leute vorbei, ich rief um Hilfe, und – und sie schnitten mich. Er hat es getan!«

»Ich war es wirklich nicht. Fragen Sie Ihren Freund hier! Ich war doch mit ihm zusammen, nicht?«

»Sie waren etwa drei Minuten mit mir zusammen.« Ich berührte mit der freien Hand seinen Arm. »Aber Sie haben es nicht getan«, beruhigte ich ihn. »Das weiß ich. Er war es nicht, Diane.«

»Wer dann?«

»Hab Geduld, Diane«, sagte ich. »Nur für kurze Zeit.«

Wir standen da, dann drangen Stimmen durch den Nebel – die

Paddel eines Kanus klatschten. Und schließlich kam eine vertraute, jammernde Stimme mit dem wimmernden Ruf eines Niemands.

»Mister? Bitte, Mister. Ich habe seit drei Tagen nichts gegessen –«

»Vince!« schrie ich. »Hier sind wir.«

Einen Augenblick danach tauchte er aus dem Nebel auf, sah uns an und nickte. Hinter ihm erschienen andere Gestalten aus dem Nebel.

»Wer, zum Teufel, ist das?« fragte Dunlap und betastete sein Schild.

»Niemand«, erwiderte ich. »Wirklich niemand.«

Es waren vier, geisterhaft im Dunst. Im Nebel besaßen sie keine Gesichter, nur verschwommene, gefleckte Umrisse und schwache Stimmen, die bestätigend sagten: »Niemand, Mister. Niemand.«

»Aber vielleicht werden sie nicht ewig Niemande sein«, sagte ich ruhig. »Vielleicht werden sie eines Tages wieder jemand sein dürfen.«

Dunlap schrie heiser: »Ich weiß nicht, was Sie vorhaben, Oliver, aber mir gefällt das nicht. Ich verschwinde!«

Ich trat vor ihn hin.

»Woher wußten Sie, daß ich Oliver heiße?«

Er fuhr zurück und starrte mich an.

»Was?«

»Ich habe Ihnen meinen Namen nie gesagt.«

»Aber –«

»Lassen Sie nur.« Ich erhob die Stimme. »Quayle! Kommen Sie her. Ich weiß, daß Sie auf der Insel sind. Sie würden keine Chance auslassen, Messer zu bekommen – und außerdem habe ich Ihr Kanu gehört.«

Ein Augenblick verging, während Dunlaps Gesicht erschlaffte.

Dann hörte man leise, schmatzende Schritte im Schlamm. Albert Quayle kam gleichmütig heran, das fette Krötengesicht eine Maske. Er sah Dunlap an, und Dunlap fröstelte trotz der Hitze.

Quayle wandte sich mir zu und wartete.

»Wir sind bereit, denke ich«, sagte ich gelassen. »Quayle ist hier. Dunlap ist hier. Diane und ich sind zur Stelle. Borton und die Zeugen –«

»Zeugen?« Quayles Lippen bewegten sich nicht, nur das Wort löste sich aus dem Nebel und hing zwischen uns.

»Für einen Mord, Albert. Für den Mord an Ihnen. Sie werden sterben.«

»Ha!« Er sah mich verächtlich an. »Sie können mich nicht töten. Ich bin hier ein wichtiger Mann, Oliver. Wer wird mich auf Ihre Behauptung hin schneiden?«

Ich schwieg einen Augenblick.

»Es gibt andere Methoden des Tötens«, sagte ich schließlich.

Er bewegte keinen Muskel. Ich ließ ihn kurze Zeit nachdenken, dann sagte ich: »Vince, hast du mitgebracht, was ich brauche?«

Er gab mir etwas Kaltes, Scharfes. Im Nebel war es schwer zu erkennen, aber ich wußte, was es war; ich hob es hoch, und nun wußten es alle.

»Ein Messer, Quayle!« rief ich. »Das wollen Sie doch, oder? Ein Messer, um einen Saposaurier damit zu bestechen, daß er die Plantage eines anderen verwüstet. Deshalb sind Sie hier, und jetzt können Sie wenigstens dieses eine haben!«

Er war erstarrt. Ich wandte mich kurz an Diane.

»Leb wohl«, flüsterte ich. Sie wußte nicht, was ich damit meinte, aber das machte nichts. Wenn sich herausstellte, daß sie es wissen mußte, würde sie es wissen.

Und dann sagte ich laut zu Quayle: »Ich gebe Ihnen das Messer – dorthin, wo es hingehört. Sie vertrauen zu sehr auf die Konditionierung und glauben, ich könnte es nicht gebrauchen. Aber vielleicht irren Sie sich.«

Er befeuchtete seine Lippen.

»Haben Sie je von einer Bestechung gehört?« fragt ich. »Je von einem Mann, der angeblich konditioniert wurde – *angeblich*? Nun, jetzt sehen Sie einen – und nun, Quayle, *hier ist Ihr Messer*!«

Ich spannte die Muskeln an, kämpfte gegen meinen eigenen Körper, um das zu schaffen, und ich sprang auf ihn zu, das Messer erhoben, um es in seine Brust zustoßen.

Das war das letzte, was ich sah. Ich stürzte bewußtlos zu Boden. Denn das, was ich ihm eben gesagt hatte, war eine glatte Lüge gewesen.

Ich kam zu mir, ganz langsam, unter großen Schmerzen. Viel Zeit war vergangen. Ich hatte Schmerzen an Stellen, wo ich niemals einen Nerv vermutet hätte. Ich war schwächer, als je ein Lebender das Recht hatte zu sein.

Aber ich war am Leben.

Mehr wollte ich nicht wissen. Wenn ich lebte, war alles in Ordnung; das war das Glücksspiel gewesen, auf das ich mich eingelassen hatte. Die Konditionierung verhütet nicht hundertprozentig. Sie bestraft nur. Ich hatte diese Bestrafung als Bluff gesucht, aber es war ein Bluff, der mich leicht hätte das Leben kosten können.

Diane beugte sich über mich. Mühsam richtete ich den Blick auf sie. Sie blickte mich liebevoll an.

»Oliver«, murmelte sie. »Du lebst. Mach dir keine Sorgen.«

»Ich weiß«, flüsterte ich. »Wenigstens habe ich es überlebt. Das war das schwerste.«

Ich rieb mein Gesicht. Der Bart sproßte stark; ich war mindestens einen ganzen Tag lang bewußtlos gewesen. Ich lag in einem Krankenhauszimmer.

»Du hast Quayle mit dem Messer nicht umgebracht.«

»Nein. Der Versuch war schlimm genug. Wenn es mir gelungen wäre, hätte es überhaupt keine Chance mehr gegeben; die Konditionierung hätte mich getötet.«

Sie sah mich mit einem Blick staunender und liebender Bewunderung an.

»Du hast genau gewußt, was passieren würde, nicht wahr? Mit dem Mann, der die Einwanderungsbehörde bestochen hatte, um hereingelassen zu werden, ohne konditioniert zu sein, hast du Quayle gemeint, nicht wahr?«

Ich nickte.

»Du hast recht gehabt. Er war nicht konditioniert. Er –« Sie schauderte. »Er hat seine ersten beiden Frauen umgebracht, Oliver. Hast du das gewußt? Ich glaube, ja – wegen ihres Vermögens. Und er hat noch andere getötet, um sie aus dem Weg zu räumen. Er hat alles zugegeben, weißt du, als es zu spät war und man ihn zu meiden begann. Und er war es, der mich im Nebel gepackt hat – von hinten, damit ich sein Gesicht nicht sehen konnte. Und als du mit dem Messer auf ihn losgegangen bist –«

»Ich weiß.« Ich nickte wieder. Ich begann mich besser zu fühlen. »Er schlug zu und bewies damit, daß er nicht konditioniert war.«

»Richtig. Und da Vince Borton und die anderen dabei waren, gab es keinen Zweifel mehr. Die Polizei hörte sie an. Vince war zu Unrecht beschuldigt worden. Albert hat es zugegeben.«

»Ich weiß.«

»Und Dunlap? Hast du über ihn Bescheid gewußt? Er war kein Erdler, sondern aus einer der Südpolstädte. Er arbeitete für Quayle und schmuggelte Messer für den Handel mit den Saposauriern.«

»Das weiß ich. Als er mich Oliver nannte, wurde ich argwöhnisch, aber Gewißheit erlangte ich erst später. Er hat mir nämlich nicht gesagt, was Quayle getan hatte, als ich ihm den Whisky ins Gesicht schüttete – da wollte er mich auch schon niederschlagen –, und er wurde nicht ohnmächtig. Es war verdächtig. Vince Borton mußte mir Bescheid sagen. Dann begann ich nachzudenken. Das Schild – Dunlap konnte es mir angeheftet haben, eine andere Person konnte ich dafür nicht finden.«

Diane beugte sich vor.

»Jetzt ist alles gut«, murmelte sie. »Wir können es vergessen. Oliver, du bist großartig!«

Ich griff nach ihr und sagte: »Ich weiß.«

Dunlop war klein und dick; er hatte blonde Wimpern und keine Haare mehr. Er sah aus wie der Typ, den man beim Endspiel ganz hinten im Stadion sieht, einen Wimpel und eine Bockwurst in der Hand, neben sich seine Frau, der er alle Vorgänge auf dem Spielfeld erklären muß. Außerdem stotterte er.

Das Mädchen am Empfangstisch des LaFitte-Konzerns war ein blauäugiges ehemaliges Fotomodell. Sie vermochte Dunlop sofort einzuordnen. Sie hob langsam den Kopf und sagte tonlos: »Ja?«

»Ich möchte Mr. LaF–F–F–«, sagte Dunlop und machte eine Pause, um sich zu räuspern. »Ich möchte Mr. LaFitte sprechen.«

Das ehemalige Modell war so erstaunt, daß sie blinzelte. Niemand sprach Mr. LaFitte! Nun ja, vielleicht ein Rockefeller. Oder Präsident Brockenheimer kam vielleicht vorbei, nachdem er vorher angerufen hatte. Niemand sonst. Mr. LaFitte war ein hochbedeutender Mann, der die meisten technischen Wunderwerke Amerikas erfunden hatte und sie für das meiste Geld in Amerika verkaufte, und für beiläufige Besucher war er nicht zu sprechen. Schon gar nicht für einen Niemand, dessen Anzug von der Stange stammte.

Das ehemalige Fotomodell war jedoch ein Mädchen mit mitfühlendem Herzen – was nur ihre Mutter, ihr Arbeitgeber und die vierzehn Männer wußten, die es der Reihe nach gebrochen hatten. Dunlop tat ihr leid. Sie beschloß, den armen Narren ungeschoren davonkommen zu lassen und sagte: »Wen darf ich melden, Sir? Mr. Dunlop? Mit ›O‹, Sir? Augenblick.« Sie griff nach dem Hörer und versuchte zu lächeln.

Der Empfangsraum war in echten orientalischen Hölzern gehalten – nichts da von billigem Kunststoff oder auch nur LaFitton! –, und überall sah man die Symbole von LaFittes Macht und Genie. In einer angestrahlten Nische stand ein Acrylmodell des LaFitte-Solartransformators, durchsichtig schimmernd. Auf einem scharlachroten Podest in der Mitte des Zimmers stand das LaFitte-

Ionenaustauschdestilliergerät mit Eigenantrieb, in der kleinen oder Hundertfünfzig-Liter-Ausführung. Zwei von der größeren Ausfertigung versorgten ganz London mit klarem, frischem Wasser aus der schlammigen, versandeten, stinkenden Themse.

»Moment mal«, sagte Dunlop heiser. »Sagen Sie ihm, er wird meinen Namen nicht kennen, aber wir haben einen gemeinsamen Freund.«

Das Exmodell zögerte, rang mit der neuen Tatsache. Das veränderte die Sachlage. Sogar Mr. LaFitte mochte einen Freund haben, der zufällig mit einem kleinen, blonden Niemand bekannt war, dessen Schuhe poliert werden mußten. Wahrscheinlich war es nicht, aber möglich. Vor allem, wenn man bedachte, daß Mr. LaFitte selbst aus ganz einfachen Verhältnissen stammte: Er hatte früher an einer Universität gelehrt.

»Ja, Sir«, sagte er beträchtlich freundlicher. »Darf ich den Namen des Freundes erfahren?«

»Ich k–kenne seinen Namen nicht.«

»Oh!«

»Aber Mr. LaFitte wird wissen, wen ich m–meine. Sagen Sie nur, der Freund sei ein M – ein M – ein Marsbewohner.«

Die sanften, blauen Augen trübten sich. Das glatte, reine Gesicht schrumpfte zu den harten ›Vogue‹-Zügen, die es besessen hatte, bevor ein unbezähmbarer Appetit auf Nougat sie aus dem Bereich der Modefotografen entfernt und hinter diesen Schreibtisch geführt hatte.

»Hinaus!« sagte sie. »Ich finde das gar nicht komisch!«

Der dicke kleine Mann sagte heiter: »Vergessen Sie den Namen nicht, Dunlop. Ich wohne neunzehnte Straße West, Nummer vierhundertneunundvierzig. Eine Pension.« Und er ging. Sie würde niemanden unterrichten, das wußte er, aber er wußte ebensogut, daß es keine Rolle spielte. Er hatte das kleine, vergoldete Mikrofon an einer Ecke des Schreibtisches gesehen. Der LaFitte-Autosekretär, mit dem es verbunden war, würde sich jedes Wort merken, es analysieren und weitergeben.

»Hm«, sagte Dunlop zum Aufzugführer, »bei diesem Wetter läßt man euch zu hart arbeiten. Ich sorge dafür, daß eine Klimaanlage installiert wird.«

Der Aufzugführer sah Dunlop an, als sei er irgendein hergelaufener Hinterwäldler, aber Dunlop störte das nicht. Warum auch? Er war wirklich einer. Aber bald würde er ein sehr reicher sein.

Hector Dunlop trabte hinaus in die Hitze der Fifth Avenue und keuchte, weil er Asthma hatte. Er war sehr zufrieden mit sich.

An der Ecke blieb er stehen und sah am LaFitte-Wolkenkratzer hinauf, ganz Kupfer und Glasbänder in dem drolligen Stil, den LaFitte bevorzugte. Soll er sich amüsieren, dachte Dunlop großzügig. Es sieht scheußlich aus, aber lassen wir LaFitte sein Vergnügen; es war nur gerecht, daß LaFitte ein Haus besaß, wie es ihm gefiel. Dunlops eigener Geschmack richtete sich mehr auf das Moderne, aber nichts konnte ihn hindern, auf der anderen Straßenseite ein Gebäude mit hundert*zwei*undfünfzig Stockwerken zu errichten, wenn es ihm beliebte. LaFitte stand alles zu, was ihm gefiel – solange er bereit war, mit Hector Dunlop zu teilen. Das würde er mit Sicherheit tun, wahrscheinlich noch an diesem Tag.

Dunlop dachte fröhlich über die unvermeidliche Großzügigkeit LaFittes nach und schlenderte in der großen, aber nicht verspürten Hitze die Fifth Avenue hinunter. Er hatte Zeit genug. Es würde eine Weile dauern, bis sich etwas ereignete.

Selbstverständlich war es möglich, daß heute gar nichts mehr geschehen würde, dachte er geduldig. Der Mensch, dem der Autosekretär Bericht zu erstatten hatte, mochte vergeßlich sein. Alles mögliche konnte schiefgehen. Aber er hatte Zeit. Er brauchte es nur von neuem zu versuchen, und immer noch einmal, wenn das nötig sein sollte. Früher oder später würden LaFitte die magischen Worte erreichen. Nach acht Jahren Vorbereitung auf diesen Augenblick spielten ein, zwei Tage mehr keine Rolle.

Dunlop hielt den Atem an.

Ein Mädchen mit hohen Absätzen stöckelte vorbei, der heiße Wind preßte den Rock an ihre Beine. Sie blickte beiläufig auf den

Raum, den Hector Dunlop einzunehmen glaubte, und fand ihn leer. Dunlop fauchte aus Gewohnheit; sie war nicht das einzige hormontreibende Mädchen, das dort, wo er stand, nichts gesehen hatte. Aber er gewann seine Ruhe wieder. Zum Teufel mit dir, Kleine, dachte er gutmütig. Ich kann dich später haben, wenn ich will. Ich kann zwanzig haben wie dich oder zwanzig am Tag, wenn ich will – und zwar sehr bald.

Er lief über die 42. Straße, und da stand das graue, vertraute Gemäuer der Bibliothek.

Aus einem sentimentalen Anflug heraus stieg er die Stufen hinauf und trat ein.

Der Liftführer nickte.

»Guten Tag, Mr. Dunlop. Drei?«

»Richtig, Charley. Wie üblich.« Sie mochten ihn alle hier. Das war der einzige Ort auf der Welt, wo das zutraf, begriff er, aber er hatte hier auch mehr Zeit verbracht als irgendwo anders auf der Welt.

Dunlop stieg aus dem langsamen Lift, als er ungefähr in Höhe des dritten Stocks knarrend hielt. Er ging, in Erinnerung schwelgend, durch den großen, warmen Saal, zwischen den Schaukästen. Gleich hinter dem Trinkwasserbrunnen die Tür zur Fortescue-Sammlung. Neben ihr die Glaskästen mit einigen Aufnahmen Fortescues vom Mars, zusammen mit den unerklärten Überresten einer früheren Rasse, die die Kanäle erbaut hatten.

Dunlop sah sich die Bilder an und konnte ein Kichern kaum unterdrücken. Die Marswesen waren schäbige, schleimhäutige Kreaturen mit schlangenartigen Armen und keinerlei Köpfen. Schlimmer noch, nach Updykes ›Das Marsabenteuer‹, Fortescues eigenem ›Die erste Landung‹ und dem ›Grundriß der Semi-Fauna auf dem Mars‹ von Wilbert, Shevelsen und Buchbinder, veröffentlicht in der ›Zeitschrift des Astrobiologischen Instituts‹, Winter 2011, stanken sie wie faulender Fisch. Ihre Durchschnittsintelligenz wurde von Fortescue, Burlutski und Stanko als annähernd gleichwertig mit der von Feliden bezeichnet. Gaffney dagegen schätzte sie höher ein, etwa auf dem Niveau der niederen Primaten. Sie besaßen keine Sprache. Sie kannten kein Feuer. Ihr fortschrittlichstes Werkzeug war ein Handbeil. Kurz gesagt, die Marswesen waren die Schwachsinnigen des Sonnensystems, und es war kein Wunder, daß LaFittes Empfangsdame es als grobe Beleidigung betrachtet hatte, einen Marsbewohner als Freund ihres Arbeitgebers zu bezeichnen.

»Na, das ist ja Mr. Dunlop«, rief die Bibliothekarin und blickte durch das Gitter in der Tür. Sie stand auf und kam heran, um ihm die Tür zur Fortescue-Sammlung aufzuschließen.

»Nein, danke«, sagte er hastig. »Ich will heute nicht hinein, Miss Reidy. Warm heute, wie? Tja, ich muß wieder weiter.«

Ich komme wieder, wenn die Hölle gefriert, fügte er im stillen hinzu, als er sich abwandte, obgleich Miss Reidy ihm acht Jahre lang sehr zur Hand gegangen war; sie hatte ihm die Archive der Bibliothek überlassen, alles, was seine Forschernase interessierte. Ohne sie wäre es ihm viel schwerer gefallen, festzustellen, was er jetzt alles über LaFitte wußte. Andererseits trug sie eine Brille. Ihre Haut war teigig. Einer ihrer Vorderzähne war abgeschlagen. Dunlop würde nur mit Fernsehstars und Debütantinnen der oberen Zehntausend verkehren, schwor er sich feierlich, und beschloß, daß er selbst sie wie Dreck behandeln würde.

Die Bibliothek bedrückte ihn; sie erinnerte ihn zu sehr an die acht Jahre eines wurmhaften Daseins, die jetzt vorbei waren. Er ging aus dem Haus und fuhr mit dem Bus heim.

Seitdem er LaFittes Büro verlassen hatte, waren noch keine zwei Stunden vergangen.

Das reichte nicht. Nicht einmal die Organisation des großen LaFitte konnte mit Sicherheit die Botschaft weitergeben und bereits gehandelt haben, und Dunlop verspürte plötzlich den dringenden Wunsch, die Wartezeit nicht in seiner Pension zu verbringen. Er blieb vor einem billigen Eßlokal stehen, überlegte, lächelte breit und überquerte die Straße zu einem kleinen, gemütlichen, teuren Restaurant mit Topfpalmen im Fenster. Das würde ihn zwar den Rest seiner Barschaft kosten, aber was machte das schon?

Dunlop aß die beste Mahlzeit seit zehn Jahren und ließ sich Zeit dazu. Als ihm eine tastende chemische Botschaft mitteilte, es seien genug Minuten vergangen, ging er die Straße hinunter zu seiner Pension, und die Männer warteten schon.

Die Hauswirtin guckte hinter einem Vorhang heraus und wirkte verängstigt.

Dunlop lachte laut auf und winkte ihr zu, als sie auf ihn zutraten, zwei hochgewachsene Männer mit ausdruckslosen Gesichtern. Der Schwerere der beiden roch nach Chlorophyllkaugummi. Der Hagere roch nach Tod.

Dunlop hängte sich bei ihnen mit breitem Grinsen ein und wandte der Hauswirtin den Rücken zu.

»Was habt ihr der Alten gesagt, w-wer ihr seid, Jungs? Steuerfahnder? FBI-Agenten?«

Sie antworteten nicht, aber das machte nichts. Sie mochte denken, was sie wollte; er würde sie nie, nie wiedersehen. Die paar Habseligkeiten in seinem billigen Koffer konnte sie behalten. Sehr bald würde Hector Dunlop nur das Beste besitzen.

»Ihr kennt das Geheimnis eures Chefs nicht, was?« fragte Dunlop während der Autofahrt. »Aber ich. Ich habe acht Jahre dazu gebraucht, es herauszufinden. Behandelt mich ein bißchen respektvoll, sonst l-lasse ich euch vielleicht h-hinauswerfen.«

»Schnauze«, sagte der mit dem Chlorophyllatem freundlich, und Dunlop gehorchte höflich. Es spielte keine Rolle – wie alles, was jetzt wirklich geschah. In kürzester Frist würde er LaFitte sehen und dann –.

»Nicht s-s-stoßen!« sagte er gereizt, als er vor ihnen aus dem Wagen taumelte.

Sie packten ihn, jeder bei einem Ellbogen, Chlorophyll öffnete das schmiedeeiserne Tor am Ende des Weges, und Tod stieß ihn hindurch. Dunlops Brille rutschte von einem Ohr, und er griff hastig danach.

Sie hatten die Stadt weit hinter sich gelassen und den Hudson überquert. Dunlop kannte sich nur sehr verschwommen aus, weil er die ganzen letzten acht Jahre fruchtbringenderen Dingen gewidmet hatte, aber er vermutete, daß sie sich irgendwo in den Bergen hinter Kingston befanden. Sie betraten ein großes Haus und sahen keinen Menschen. Es war ein Frankensteinhaus, aber es munterte Dunlop beträchtlich auf, denn es war genau von der Art, wie es LaFitte nach seiner Meinung brauchen würde, um sein Geheimnis zu bewahren.

Sie stießen durch eine Tür in einen Raum mit offenem Kamin. In einem Ledersessel vor dem Feuer saß – trotz der Hitze – ein Mann, der Quincy LaFitte sein mußte.

»Hallo«, sagte Dunlop selbstbewußt und stakte auf ihn zu. »Sie wissen v-vermutlich, weshalb ich – He! Was s-soll das?«

Chlorophyll streifte einen grauen Handschuh über eine Hand. Er ging zu einem Schreibtisch, öffnete eine Schublade, nahm etwas heraus – eine Pistole! Er hob sie hoch und feuerte an die Wand. Peng! Es war ein leises, klatschendes Geräusch, aber ein großer Streifen Putz flog davon.

»He!« sagte Dunlop noch einmal.

Mr. LaFitte beobachtete ihn mit höflichem Interesse. Chlorophyll ging mit schnellen Schritten auf ihn zu, und plötzlich griff Tod nach – nach – . . .

Chlorophyll gab Dunlop die Pistole, mit der er geschossen hatte. Dunlop ergriff sie instinktiv, während Tod eine andere, größere, gefährlicher aussehende Waffe zog.

Dunlop zuckte plötzlich zusammen, ließ die Waffe fallen, begann zu begreifen.

»Warten Sie!« rief er in plötzlicher Angst. »Ich h-h-h-« Er schluckte und fiel auf die Knie. »Nicht schießen! Ich habe alles n-niedergeschrieben bei meinem A-A-A-«

LaFitte sagte leise: »Augenblick, Jungs.«

Chlorophyll blieb stehen und wartete. Tod hielt die Waffe auf Dunlop gerichtet und wartete.

Dunlop stammelte: »Bei meinem *Anwalt.* Ich habe alles n-niedergeschrieben. Wenn mir etwas zustößt, dann l-l-liest er es.«

LaFitte seufzte.

»Na, ja«, meinte er mild, »das war das Risiko, das wir eingegangen sind. Gut, Jungs. Laßt uns allein.« Chlorophyll und Tod nahmen ihren Geruch und ihre Bedrohung mit hinaus.

Dunlop atmete schwer. Er war dem Tod eben sehr nahe gewesen, begriff er; der eine hatte ihm die Waffe gegeben, der andere wollte ihn erschießen. Dann hätte man die Polizei gerufen, um ihr die Leiche eines erfolgreichen Attentäters zu übergeben. Sehr bedauerlich, Wachtmeister, aber er hat uns wirklich getäuscht! Sehen Sie, dahin hat sich die Kugel verirrt. Ich wollte den armen Irren nur in den Arm schießen, aber ... Ein Achselzucken.

Dunlop schluckte.

»Sehr bedauerlich«, sagte er mit brüchiger Stimme. »Aber ich mußte n-natürlich Vorsichtsmaßnahmen ergreifen. Sagen Sie, kann ich etwas zu trinken bekommen?«

Mr. LaFitte deutete auf ein Tablett. Er hatte Zeit. Er wartete geduldig und mit ganz geringer Besorgnis. Er war ein großer, alter Mann mit kahlem Kopf, vermochte sich aber sehr schnell zu bewegen, wenn er wollte, wie Dunlop auffiel. Merkwürdig, er hatte nicht gedacht, daß LaFitte kahl sein würde.

Aber alles andere lief genau nach Plan!

Er füllte ein Glas mit zwölf Jahre altem Bourbon-Whisky und kippte ihn hinunter.

»Ich habe Sie in der Tasche, LaFitte!« sagte er. »Das wissen Sie, nicht wahr?«

LaFitte warf ihm einen herzlichen, verzeihenden Blick zu.

»Sehr schön«, meinte Dunlop strahlend. »I-immer ein guter Verlierer sein. Aber Sie wissen, daß ich herausgefunden habe, worauf Ihr Reichtum beruht.« Er kippte noch einen Whisky und spürte, wie sich die Wärme ausbreitete. »Also. Um a-anzufangen, ich war vor acht Jahren Student an der Universität, wo Sie gelehrt haben. Ich stieß auf einen Hinweis über eine Arbeit mit dem Titel ›Bemerkungen zur Ontogenese der P-Paraprimaten auf dem Mars‹. Verfaßt von einem gewissen Quincy L-LaFitte, B. S.«

LaFitte nickte kurz; er lächelte noch immer. Seine Augen waren verschlagen, entschied Dunlop; es waren die Augen eines an den Erfolg gewöhnten Mannes. Man konnte nicht viel lesen in solchen Augen. Man mußte sich vorsehen.

Aber schließlich hatte er alle Trumpfkarten in der Hand, beruhigte er sich.

»Ich s-suchte also nach der Abhandlung und k-konnte sie nicht finden. Das wird Ihnen aber sicher bekannt sein!« Nicht finden? Nein, nicht in den Regalen, nicht in der Registratur des Dekans, nicht einmal in den Archiven. Es war gut, daß Dunlop ein sehr hartnäckiger Mensch war. Er hatte den Drucker gefunden, der die Abhandlung gedruckt hatte, und da war sie, zusammengeheftet mit der alten, verstaubten Rechnung. »Ich erinnere mich an die W-Worte«, sagte Dunlop und zitierte aus der Zusammenfassung. Er stotterte nicht mehr. »›Man muß deshalb davon ausgehen, daß die Paraprimaten auf dem Mars einmal eine gereifte Kultur besessen haben, vergleichbar dem fortschrittlichen Niveau unseres eigenen Planeten. Die Artefakte und baulichen Überreste sind nicht von einer anderen Rasse geschaffen worden. Vielleicht besteht ein Zusammenhang mit der sogenannten Shternweiser-Anomalie, als mutmaßlich eine Explosion von planetarischem Umfang die Wasserversorgung auf dem Mars erheblich beeinträchtigte.‹«

LaFitte unterbrach ihn.

»Shternweiser! Ich hatte seinen Namen vergessen, wissen Sie. Es ist lange her. Aber Shternweisers Arbeit unterstellte, der Mars könnte sein Wasser in unserer historischen Zeit verloren haben – und der Rest war einfach!«

Dunlop beendete sein Zitat: »›Im Zusammenhang deuten diese Tatsachen unweigerlich auf ein Schema. Die Paraprimaten des Mars benötigen für die Entwicklung von der Raupe zum Imago eine Wasserphase wie viele wirbellose Tiere auf der Erde. Auf der Oberfläche des Mars hat es aber seit der Zeit der Shternweiser-Explosionstheorie nicht genügend freies Wasser gegeben. Es erscheint daher wahrscheinlich, daß die jetzt vorhandenen Exemplare lediglich geschlechtlich bestimmte Raupen sind und daß der erwachsene Paraprimat des Mars *in vivo* nicht existiert, obwohl seine historische Existenz durch die bemerkenswerten Beispiele seines Schaffens belegt wird.‹ Und dann«, schloß Dunlop, »be-begannen Sie zu begreifen, was Sie hier entdeckt hatten. Und Sie z-zerstörten alle Kopien. Alle, b-bis auf eine.«

Es klappte! Es klappte genau so, wie es vorgesehen war!

LaFitte hätte ihn natürlich längst hinausgeworfen, wenn er es gewagt hätte. Er wagte es nicht. Er wußte, daß Dunlop der langen, gewundenen Spur der Beweise bis zu ihrem Ende gefolgt war.

Jede Erfindung, die den Namen LaFitte trug, entstammte dem Gehirn eines Marsbewohners.

Die Tatsache, daß die Abhandlung nicht veröffentlicht wurde, war der erste Hinweis. Warum sie verschwinden lassen? Der Name auf der Abhandlung war der zweite Hinweis, obwohl es Einfallskraft erfordert hatte, ein schlichtes B. S. ‹ Bachelor of Science – mit dem Kopf des LaFitte-Konzerns in Verbindung zu bringen.

Und alle anderen Spuren waren mühselig und langsam auf dem Weg erarbeitet worden, der über Miss Reids Zimmer in der Bibliothek, die Raumforschungsabteilung im Smithsonian Institute, den Saal außerirdischer Zooformen im Museum für Naturgeschichte und tausend verstaubte Forschungszellen im ganzen Land geführt hatte.

LaFitte seufzte.

»Sie wissen also alles, Mr. Dunlop. Sie haben einen weiten Weg hinter sich.« Er goß sich eine kleine Menge Kognak in einen Ballon und wärmte ihn mit dem Atem. Er sagte nachdenklich: »Sie haben viel Arbeit geleistet, aber ich mußte natürlich noch mehr tun. Ich mußte zum Beispiel auf den Mars fliegen.«

»Sie ›S-Solar Argosy‹«, erklärte Dunlop sofort.

LaFitte zog die Brauen hoch.

»So gründlich? Dann wird Ihnen wohl klar sein, daß der Absturz der ›Solar Argosy‹ kein Unfall war. Ich mußte die Tatsache verschleiern, daß ich ein junges Marswesen auf die Erde zurückbrachte. Es war nicht einfach. Und selbst als ich es hier hatte, war der Kampf erst halb gewonnen. Es ist ziemlich schwer, auf der Erde eine exogene Lebensform aufzuziehen.« Er trank einen winzigen Schluck Kognak und beugte sich vor. »Ich mußte einen Marsbewohner sich entwickeln lassen. Das bedeutete, daß ich ihm eine Wasserumwelt geben mußte, die derjenigen auf dem Mars vor dem Shternweiser-Ereignis so ähnlich wie möglich war. Alles Mutmaßungen, Mr. Dunlop! Ich kann nur sagen, daß das Glück auf meiner Seite war. Und selbst so – nun, stellen Sie sich vor, Sie sind ein Baby. Nehmen Sie an, Ihre Mutter habe Sie auf dem Jupiter ausgesetzt, während Sie noch strampelten und in die Windeln machten. Und nehmen Sie an, ein seltsam gestaltetes Wesen, das mit Ihrer Mutter soviel Ähnlichkeit besitzt wie Ihre Mutter mit einem Baum, ziehe Sie nun auf.« Er schüttelte ernsthaft den Kopf. »Spock war da keine Hilfe. Das Problem der Disziplin! Das Sauberwerden! Und dann hatte ich nichts als sozusagen ein nacktes Gehirn. Das Gehirn des erwachsenen Marsbewohners ist grandios, aber es muß mit Wissen gefüllt werden, bevor es schöpferisch tätig werden kann, und das allein, Mr. Dunlop, hat mich sechs schwere Jahre gekostet.« Er stand auf. »Nun gut«, sagte er, »vielleicht verraten Sie mir, was Sie wollen.«

Dunlop begann furchtbar zu stottern.

»Ich m-m-öchte die Hälfte vom Ge- vom Ge-«

»Sie wollen die Hälfte vom Gewinn?«

»S-s-s-so i-ist es-«

»Ich verstehe. Damit Sie das Geheimnis für sich behalten, soll ich Ihnen die Hälfte dessen geben, was ich durch meine Erfindungen vom Mars verdiene. Und wenn ich nicht einverstanden bin?«

Dunlop sagte erschrocken: »Aber Sie müssen! Wenn ich Ihr Ge-Geheimnis verrate, kann jeder dasselbe tun!«

»Aber mein Geld habe ich schon, Mr. Dunlop«, meinte LaFitte vernünftig. »Nein, das ist nicht Anreiz genug – Aber«, fügte er einen Augenblick später hinzu, »ich bezweifle, ob eine solche Überlegung Sie veranlassen kann, den Mund zu halten. Und ich möchte tatsächlich, daß die Sache vertraulich bleibt. Immerhin sind beim Absturz der ›Solar Argos‹ sechs Personen ums Leben gekommen, und in solchen Fällen gibt es keine Verjährung.« Er berührte höflich Dunlops Arm. »Kommen Sie mit. Sie sind zu der Schlußfolgerung gelangt, daß ein Marswesen hier im Haus ist? Lassen Sie sich zeigen, wie recht Sie hatten.«

Den ganzen Weg durch einen langen, mit einem Teppich ausgelegten Korridor hörte Dunlop ein Knacken und Rascheln in der Wand.

»Sind das Ihre L-Leibwächter, LaFitte? Versuchen Sie keine Tricks!«

LaFitte zuckte die Achseln.

»Kommt 'raus, Jungs«, sagte er, ohne die Stimme zu erheben, und einen Meter vor ihnen öffnete sich die Wand, und heraus kamen Tod und Clorophyll.

»Entschuldigen Sie die andere Sache von vorhin, Mr. Dunlop«, sagte Chlorophyll.

»Schon v-vergessen«, erwiderte Dunlop.

LaFitte blieb vor einer Tür mit doppelten Schlössern stehen. Er drehte an den Verschlüssen, und die Tür öffnete sich in einen dunklen, feuchten Raum.

»W-r-r-rumm, w-r-r-rumm.« Es klang wie ein tiefes, gewaltiges Grollen.

Dunlops Pupillen weiteten sich, nahmen mehr Licht auf, und er vermochte Umrisse zu erkennen.

Im Zimmer befand sich eine Art Palisade aus Stahlgitterstäben. Hinter ihnen, an einen Pflock gekettet, war –

Ein Marswesen!

Angekettet?

Ja, es war angekettet und gefesselt. Der Schlüssel hing dort, wo der Marsbewohner ihn immer sehen, aber niemals erreichen konnte. Dunlop riß die Augen auf und schluckte. Die Marswesen auf Fortescues Aufnahmen waren schleimige, klebrige, häßliche Kreaturen wie abgemagerte Seeanemonen, mannsgroß und ohne Kopf. Das angekettete Wesen, das ihn jetzt anbrüllte, glich diesen Marsbewohnern nur, wie ein Frosch einer Kaulquappe gleicht. Es besaß einen runden, gewölbten Kopf mit starrenden Augen. Es besaß einen Mund, der über großen, quadratischen Zähnen auf- und zuklappte.

»W-r-r-rumm«, brüllte es, und Dunlop hörte genauer hin. Es war kein wortloses Gebrüll wie das eines Löwen. Es war Englisch! Das Wesen sprach mit ihnen; es war nur die dichte Erdatmosphäre, die dieses Donnern hervorrief. »Wer bist du?« krächzte es mit trunkener Baßstimme.

Dunlop sagte schwach: »G-guter Gott.« In diesem gräßlichen Schädel lag das Gehirn, das für LaFitte den Solartransformator, das Ionenaustauschdestilliergerät mit Eigenantrieb, den LaFitte-Umsetzer mit negativer Impedanz und tausend andere große Erfindungen erzeugt hatte. Es war kein Marsbewohner, den Dunlop betrachtete; es war eine Wunderlampe, die ihm grenzenlosen Reichtum verschaffen würde. Aber es war ein häßlicher Alptraum.

»So«, sagte LaFitte. »Und was halten Sie jetzt davon, Mr. Dunlop? Glauben Sie nicht, daß ich etwas Großes geschaffen habe? Das Destilliergerät und der Umsetzer mögen seine Erfindungen gewesen sein, nicht meine, aber ich habe *ihn* erfunden.«

Dunlop nahm sich zusammen.

»J-ja«, sagte er nickend. Er hatte sich LaFitte als eine Art Bilderbuch-Erpressungsopfer vorgestellt, das nur ein schiefes Grinsen, ein paar geflüsterte Worte und die Unterlagen brauchte, um Milliarden auszuspucken. Es war ihm nicht in den Sinn gekommen, daß LaFitte auf seine Leistung ehrlich stolz sein mochte. Nun, da er das wußte, sah Dunlop eine bessere Taktik oder glaubte sie zu sehen.

Er sagte sofort: »Großes? N-nein, LaFitte, mehr als das. Ich bin einfach fassungslos, daß Sie ihn ohne, sagen wir, R-Rachitis aufgezogen haben. Oder was Marswesen auch immer bekommen mögen, wenn sie nicht richtig gepflegt werden.«

LaFitte wirkte erfreut.

»Nun, kommen wir zur Sache. Sie wollen gleichberechtigter Partner im LaFitte-Konzern werden, verlangen Sie das?«

Dunlop hob die Schultern. Er brauchte nicht zu antworten. Das war ein Glück; in einer derart angespannten Situation hätte er gar nichts sagen können.

LaFitte sagte heiter: »Warum nicht? Wer braucht das alles? Außerdem könnte frisches Blut dem Unternehmen Auftrieb geben.« Er blickte gütig auf den Marsbewohner, der sich duckte. »Unser Freund hier war in letzter Zeit ziemlich lethargisch. Also gut, ich lasse Sie dafür arbeiten, aber Sie können die Hälfte haben.«

»D-d-danke.«

»Gern gesehen, Dunlop. Wie machen wir es? Sie sind wohl nicht damit zufrieden, mein Wort –«

Dunlop lächelte.

LaFitte war nicht beleidigt.

»Nun gut, machen wir es schriftlich. Ich lasse von meinen Anwälten etwas aufsetzen. Sie haben vermutlich einen Anwalt, mit dem Sie sich in Verbindung setzen können?« Er schnippte mit den Fingern. Tod trat mit einem silbernen Bleistift vor, Chlorophyll mit einem Block.

»G-g-gut«, sagte Dunlop eifrig. »Mein A-Anwalt ist George Metzger, Empire State Building, einundvierzigster Stock –«

»Narr!« brüllte das Marswesen mit schrecklicher Freude. LaFitte schrieb hastig und faltete den Zettel säuberlich zusammen. Er gab ihn dem Mann, der nach Chlorophyllkaugummi roch.

Dunlop sagte verzweifelt: »Das ist nicht d-derselbe Anwalt.«

LaFitte wartete höflich.

»Nicht derselbe?«

»Meine N-N-Niederschrift liegt bei einem anderen Anwalt.«

LaFitte schüttelte den Kopf und lächelte.

Dunlop schluchzte. Er konnte nichts dagegen tun. Vor seinen Augen war eine Milliarde Dollar verschwunden, und seine Lebensversicherungspolice war abgelaufen. Sie kannten den Namen seines Anwalts. Sie wußten, wo sie den dicken Umschlag finden konnten, der die Summe achtjähriger Arbeit enthielt.

Chlorophyll oder Tod oder irgendeiner von LaFittes vielen Gehilfen würde Metzgers Büro aufsuchen und vielleicht eine gefälschte gerichtliche Verfügung vorlegen oder sich mit Gewalt Zutritt verschaffen, ein Taschentuch vor dem Gesicht, eine Pistole in der Hand. So oder so, sie würden die Unterlagen finden. Die Männer von LaFitte würden sicherlich nicht ratlos vor einem Bürosafe stehen.

Dunlop schluchzte noch einmal und wünschte sich, beim Anwalt nicht gespart zu haben, aber es fiel nicht mehr ins Gewicht. LaFitte wußte, wo die Unterlagen aufbewahrt wurden, und er würde sie sich holen. Er brauchte jetzt nur noch die letzte Kopie der Information auszulöschen – nämlich die in Hector Dunlops Kopf.

Chlorophyll steckte den Zettel ein und ging. Tod klopfte auf den Wulst unter seiner Achsel und sah LaFitte an.

»Nicht hier«, sagte LaFitte.

Dunlop atmete tief ein.

»L-leb wohl, Marswesen«, sagte er traurig und wandte sich zur Tür. Hinter ihm lachte die dicke, verhaßte Stimme.

»Sie finden sich sehr gut damit ab«, sagte LaFitte überrascht.

Dunlop zuckte die Achseln und trat zur Seite, um LaFitte durch die Tür vorangehen zu lassen.

»Was b-bleibt mir anderes übrig?« sagte er. »Sie haben mich in der Hand. Nur –« Tod war durch die Tür getreten, ebenso LaFitte, halb umgewandt, um Dunlop höflich zuzuhören. Dunlop ergriff die Türkante, zögerte, lächelte, sprang zurück und warf die Tür zu. Er fand ein Schloß und sperrte ab. »Nur müßt ihr mich z-zuerst erwischen!« schrie er durch die Tür.

Hinter ihm lachte der Marsbewohner wie ein verwundeter Wal.

»Sehr gut gemacht«, gratulierte die dicke, dröhnende Stimme.

»R-reine N-Notwehr«, sagte Dunlop.

Er hörte Lärm im Korridor, aber es blieb Zeit genug.

»S-so! Komm, Marswesen! Wir werden LaFitte entkommen. Du k-kommst mit, weil er nicht wagen wird, dich zu erschießen und – Und du mit d-deinem gewaltigen Gehirn findest sicherlich einen Fluchtweg für uns.«

Der Marsbewohner sagte: »Ich habe es versucht.«

»Aber ich kann dir helfen! Ist das n-nicht der Schlüssel?«

Er krallte das glänzende Stück Metall von der Wand. An dem Stahlgitter gab es ein Schloß, aber der Schlüssel paßte. Der Marsbewohner wedelte mit den klebrigen Armen.

»W-r-r-rumm«, grollte er und starrte Dunlop an.

»Sprich d-deutlicher«, bat Dunlop ungeduldig, während er den Schlüssel aus dem Schloß zog.

»Ich sagte«, wiederholte die Baßstimme, »ich habe auf dich gewartet.«

»Gewiß. Was f-für ein schreckliches Leben h-hast du geführt!«

Die Tür hinter ihm krachte; Dunlop wagte nicht, sich umzusehen. Und der Schlüssel schien sich verklemmt zu haben! Er riß ihn mit Gewalt heraus und sprang auf das Marswesen zu – hier würden sie wenigstens nicht zu schießen wagen, aus Angst davor, ihren Goldesel zu treffen!

»Du k-kannst uns hier heraushelfen«, keuchte Dunlop erstickt, während er nach der Fußfessel des Marsbewohners tastete. Es stimmte. Sie rochen wirklich wie faulender Fisch. »Aber d-du mußt stark sein! LaFitte war wie ein Vater zu dir, aber w-was für ein f-falscher Vater! Du brauchst ihm nicht treu zu sein, Marswesen. Er hat dich zu seinem Sklaven gemacht, auch wenn er d-dich gesund und bei n-normalem Verstand erhalten hat.«

Und hinter ihm räusperte sich LaFitte.

»Eben nicht«, meinte er. »Ich habe ihn nicht bei normalem Verstand erhalten können.«

»Nein«, dröhnte die dicke, träge Marswesenstimme. »Nein, das hat er nicht.«

Die klebrigen Arme, die wie faulender Fisch rochen, schlossen sich liebend und tödlich um Dunlop.

Roykin ist ich. In der einen Minute war Roykin im Netz, und es begann zu vibrieren und sich zu erwärmen. Und dann zuckten und krachten rote Blitze, und dann war er nackt, auf staubigem Boden, unter blasser Wintersonne. Der Wind schnitt eisig, wie mit Messern.

Roykin stand auf und schaute sich zornig um.

Eine heisere Stimme schrie ihn an, eine Stimme wie die von Grillard, in einer Sprache, die er nicht verstand. Grillard hat den ganzen männlichen Zorn in seiner Stimme, wenn er mit Roykin spricht, und so war es bei dieser Stimme.

Aber es war nicht Grillard. Es war ernüchternd. Roykins Zorn kühlte so plötzlich ab wie sein Körper, denn dies war nicht der Ort für Zorn. Er schaute sich um, und was er sah, rief vorübergehend Angst in ihm hervor.

Nackter, staubiger Boden unter den Füßen.

Ein erstarrter, eisiger Himmel darüber.

Niedrige Holzbaracken im Umkreis.

In der Nähe eine Gruppe nackter Männer mit hoffnungslosen, zerfurchten Gesichtern. Sie sahen ihn an. Ein unregelmäßiger Halbkreis von uniformierten Männern umgab sie alle. Die Uniformierten starrten ihn ebenfalls an.

Roykin dachte zornig: Zum Teufel mit Grillard – wo bin ich hier eigentlich?

Es war kalt, und es stank nach Schweiß und Krankheit. Es war viel schlimmer als die Galeeren, gab Roykin zu, obwohl er damals gedacht hatte, es könne nichts Schlimmeres geben. Aber das war auch sein erstes Vergehen gewesen. Hier mußte es natürlich schlimmer sein. Roykin konnte sich bei Grillard darauf verlassen.

Ein Uniformierter trat vor und schlug ihm mit einem Schlagstock auf den Kopf.

Der Schlag warf Roykin um.

Er raffte sich mühsam auf, erfüllt vom fremden Schmerz, der seinen Kopf wie einen Ballon aufzublasen schien.

Der Mann stand noch immer vor ihm. Sein Gesicht verriet keine Gemütsempfindung, stellte Roykin fest. Er betrachtete Roykin, wie ein Zimmermann einen Nagelkopf ansehen mochte. Vielleicht brauchte der Nagel noch einen Hieb, vielleicht auch nicht, aber zornig war er auf den Nagel nicht.

Roykin hastete hinüber zu der Gruppe nackter Männer. Sie marschierten in der eisigen Kälte los. Der Mann mit dem Schlagstock sah ihnen leer nach.

Die Reihe nackter Männer kam an einem Schild mit schnörkliger Schrift vorbei. Roykin konnte es nicht gut lesen, zum Teil, weil es nicht in seiner Sprache war, zum Teil, weil die Buchstaben anders aussahen, als er es gewohnt war, auch wenn sie seinem ABC entsprachen.

Aber unter den komplizierten Worten stand ein einfacheres. Er las es: ›Konzentrationslager‹.

Roykin schlief diese Nacht auf einem Bretterboden, durch dessen Fugen kalte Luft drang.

Der Geruch war entsetzlich. Es war ein feuchter Schlachthausgeruch, wie die heißen, dampfenden Wolken aus einer Fettfabrik, aber nicht heiß, sondern kalt wie altes Eis. Es fiel Roykin sehr schwer, Schlaf zu finden, vor allem deshalb, weil in der Nähe ein Kind schrie. Das Kind weinte unaufhörlich.

Zum Teufel mit Grillard, dachte Roykin erschöpft. Sein Kopf schmerzte noch immer stark, und das war ihm unangenehm.

Immerhin ... gar so schlimm war es nicht. Roykin vermag sich an alles anzupassen, was daherkommt; das ist es, worauf er sehr stolz ist. Wenigstens bewegte er kein sechs Meter langes Ruder, wie in der Galeere; das war schlimm gewesen, aber er hatte sich auch da angepaßt, obwohl es Mühe machte. Roykin mag keine Mühe, keine Arbeit. Und es schien ihnen hier egal zu sein, ob die Gefangenen arbeiteten oder nicht, wo immer er auch sein mochte, und das war schon eine Verbesserung. Roykin rollte sich zusammen und versuchte einzuschlafen, aber das weinende Kind störte ihn.

Roykin schob sich auf einen Ellbogen und schaute sich um.

Es gab kein Kind. Das Baby war ein Mann, uralt wie Methusalems Vater, mit Armen dünn wie Stöckchen und einem aus schmutzigem Bein gehackten Gesicht – kein Fleisch, nichts Weiches, die Haut straff über die Knochen gespannt. Seine Augen waren geschlossen, und er weinte und weinte.

Roykin fiel nichts ein, was er dagegen tun konnte oder tun wollte, und widmete sich wieder seinen Bemühungen, einzuschlafen. Aber er erinnerte sich schläfrig an manche Dinge, Dinge aus einer anderen Zeit. Grillard, der in großer Wut ins Mikrofon zischte: »Sie verdienen keine Chance mehr, Roykin. Sie haben Chance um Chance bekommen, und was fangen Sie damit an?«

»Ihre Chancen gefallen mir nicht«, sagte Roykin.

»Die Welt mag Sie nicht, Roykin! Sie sind ein Fremdkörper. Sie haben gestohlen. Sie haben Leuten weh getan. Was sollen wir tun? Besserungsschule oder –«

»Ich mag die Schule nicht.«

»Gut. Dann bleibt nur noch eines.«

Peng machte der Hammer, und das Mikrofon verstärkte den Laut tonlos.

»Zweites Vergehen, dreißig Tage, führt ihn ab.«

Und die klebrigen Fühler der Polizei, an ihren Sensoren blaue Funken sprühend, schlangen sich um Roykin und rollten ihn fort zum Netz.

Roykin erinnerte sich und schlief ein, träumte von Grillard und, mit liebevoller Verachtung, von Zenomia, die am Netz zugesehen hatte, als er verschwand, die dort warten würde, wenn er zurückkam. Ein Witz!

Denn dies war für Grillard Strafe, mit dem Sinn, zu bessern, diese vom Netz getragene Versetzung zu einem Ort der Bestrafung und der Schmerzen. Aber Roykin hatte sich nie vor Schmerzen gefürchtet, und für Roykin war Schmerz nie Strafe.

Man marschierte nicht mehr nackt herum, obwohl der Schmutz in der Kleidung, die Roykin erhielt, schlimmer war, als mit nackter Haut herumzulaufen. Roykin brauchte einen Gesprächspartner, und mit der Zeit fand er einen – nein, nicht einen von seinen Leuten, sondern was man einen Spanier nannte. Die Sprache, die er gebrauchte, war nicht das modulierte, mit Lehnwörtern durchsetzte Spanisch Roykins, sondern eine frühere Version, aber Roykin konnte sich immerhin verständlich machen und den anderen verstehen, auch wenn manche Worte der Aufseher vertrauter waren als die spanischen. Und er hatte herausgefunden, wo er sich befand. In einem Lager, erklärte sein Informant. Für Verbrecher, Juden, Homosexuelle, Ausländer und politisch Verdächtige. Weshalb? Stockend versuchte der Spanier jeden dieser Ausdrücke zu erklären, aber Roykin fehlte die Geduld, sich über die Gebräuche dieser Zeit aufklären zu lassen. Wo? fragte er. In Deutschland.

Wo war Deutschland?

Sein Informant machte ein besorgtes Gesicht, da einer der Uniformierten in die Nähe kam. Stumm schlich er davon.

Aber Roykin erinnerte sich endlich; ja, Deutschland; er hatte davon gehört. Die Dinge ordneten sich. Er entdeckte, daß das Spießrutenlaufen, dem er sich hatte unterziehen müssen, ›ärztliche Untersuchung‹ genannt wurde; eine Weile dachte Roykin an die Spektralmesser seiner eigenen Zeit, die durch elektronische Messungen den körperlichen Zustand überprüften. Aber Roykin versteht diese Dinge. An diesem Ort wurden Dinge zum Teil aus Sicherheitsgründen geheimgehalten, zum Teil deshalb, damit die Menschen nicht ahnten, was ihnen bevorstand und alles verdächtigten und fürchteten. Roykin war entschlossen, sich diesen Grundsatz zu merken; er würde nützlich sein, sobald die dreißig Tage abgelaufen waren.

Die Uniformierten zwangen Roykin zur Arbeit.

Er wurde zu einem Graben geführt, wo Männer mit leeren Gesichtern in zerlumpter Kleidung Schubkarren voll Asche umkippten und andere mit schweren Hämmern auf die Asche einschlugen.

Roykin schaute genauer hin und sah, wozu die Hämmer dienten: Vermischt mit der Asche waren Gebeine; es war die Aufgabe der Hammerschwinger, sie zu zertrümmern, vielleicht damit die Asche als Dünger verwendet werden konnte, vielleicht aus hygienischen Gründen. Roykin rebellierte. Nein, nicht gegen die verbrannten Überreste, denn das war in der Strafzeit zu erwarten, sondern – »Arbeit«, rief er in dem gebrochenen Deutsch, das er zu erlernen begann, »ich nicht arbeiten, ich nicht hier zur Arbeit!«

»Halt's Maul«, sagte einer der Uniformierten in der Nähe und trat heran, um ihm leidenschaftslos ins Gesicht zu schlagen.

Roykin spürte, wie seine Zähne zerbrachen. Er taumelte dorthin, wo er sich einzufinden hatte, stand einen Augenblick da und schmeckte den Schmerz. Wieder eine Unannehmlichkeit, dachte er abschätzend; aber nicht allzu schlimm, wirklich nicht allzu schlimm. Der Schmerz ist, wie gesagt, für Roykin nie eine Strafe gewesen. Schmerz ist nur eine Erregung von Nervenenden, nicht anders als Wärme oder Geschmack; es sind nur die Nebenbedeutungen des Schmerzes, die man fürchtet. Der Schmerz eines durchs Fleisch schneidenden Messers ist nur zum Teil die Botschaft, die die durchschnittenen Nerven aussenden. Der größere Teil ist Angst – Angst vor dem Tod, Angst vor langsam heilenden, schmerzhaften Wunden, Angst, daß die Wunde nie heilen wird oder daß ein Arm oder Bein verloren, ein Auge blind werden könnte. Der Schmerz wird nicht immer gefürchtet – selbst von anderen als Roykin –, die peinigenden Schmerzen der Geburt werden eher gesucht als gemieden. Bis zu dem Grad, in dem er aus irgendeinem Grund den Ängsten dieser Art gegenüber immun war, besaß Roykin Immunität gegenüber dem Schmerz. Das ist es, was Grillard nicht hat begreifen können.

Trotzdem hob Roykin den Hammer und begann die Gebeine zu zertrümmern.

Roykin begreift, daß hier Gefahr droht.

Dreißig Tage sind nicht lang, aber es hing von ihm ab, die dreißig Tage zu überleben; kein Gericht hatte schuld, wenn er vorher umkam. Und vielleicht war es sogar Grillards Wunsch gewesen, dachte er, daß er hier sterben sollte, um damit das Problem Roykin ein für allemal zu lösen. Der Gedanke belustigte ihn, er lachte und beschloß, den schlimmsten Strafen auszuweichen, die diese Männer austeilten.

Strafen gab es viele. Rings um ihn war mehr als Schmerz; es war Schmerz, bis zu einer Stärke vervielfältigt, die ihn in einen ganz anderen Bereich erhob. Roykin entdeckte, daß alle Personen nur hier waren, weil man wünschte, daß sie starben. Manche wurden direkt durch Schläge, mit Messer oder Pistole getötet. Andere ließ man verhungern. Manche wurden in große Gaskammern geführt, nackt ausgezogen und umgebracht, und man brach den Leichen Goldzähne aus, nahm ihnen die Ringe ab.

Am zwanzigsten Tag dachte Roykin beinahe sehnsüchtig an die Galeeren. Dies waren nicht die Galeeren, dies war etwas ganz anderes. Hier wurden die Gefangenen nicht gezwungen zu arbeiten, bis sie starben. Hier wurde ihnen befohlen zu sterben.

Roykin mußte zugeben, daß alles genau geplant war, mit einer gewissen Eleganz sogar. Man befand sich im frühen Maschinenzeitalter. Menschliche Sklaven wurden nicht benötigt, was einen Unterschied in der Einstellung gegenüber der Erhaltung menschlichen Lebens ergab; der Impuls, Leben zu bewahren, beruhte nur auf ethischen Rücksichten, nicht auf der soliden Grundlage der Erhaltung nutzbaren Besitzes. Im Lager gab es jedoch keine ethischen Rücksichten.

Es war ein langer Schritt von den Galeeren des zehnten Jahrhunderts, auf die ihn sein erstes Vergehen geführt hatte, aber kein Schritt vorwärts.

Trotzdem überlebt er, obwohl er stark abmagert. Zwanzig Tage. Dreißig Tage.

Und er spürte das unsichtbare Netz, eng und brennend, um sich. Der sterbende Lagerinsasse, dem er ein verschimmeltes Stück Brot gestohlen hatte, sah apathisch zu ihm auf, dann verwundert und verschwand schließlich.

Roykin fiel einen halben Meter auf eine gepolsterte Couch.

Grelle Lichter strahlten; er war zu Hause.

Zenomia wartete auf ihn, um ihn zu begrüßen – natürlich.

»Pfui«, sagte sie, die Nase rümpfend. »Liebster Roykin, ich bin hier, aber – pfui.«

Roykin fühlte sich stark wie ein Tiger. Er kämpfte sich aus dem Netz frei und trat mit den Füßen gegen die schützenden Stäbe.

»Ich stinke!« jubelte er. »Ah, wir stanken alle, Zenomia, aber ich bin am Leben geblieben, und die anderen nicht. Sie da! Lassen Sie mich heraus.«

Hinter seiner Glastafel bewegte der Netzoperator mißbilligend eine Hand, und die Gitterstäbe, die Besucher daran hinderten, das Netz zu berühren, verschwanden. Roykin sprang heraus und umfing das Mädchen.

»Wir heiraten wieder«, sagte er. »Ich brauche heute nacht eine Frau. Jetzt gleich! Du bist richtig.«

»Roykin«, sagte sie und bog sich zurück, »nimm bitte ein Bad. Ich warte.«

Roykin lachte, zog sich leichtfüßig aus und warf seine Sachen dem Netzoperator hin; sie trafen auf das Glas und hinterließen Spuren. Roykin lachte wieder. Er ging selbstsicher zu den Ankleideräumen auf der anderen Seite der Tür, denn er kannte den Weg. Nackt und vor sich hinlachend kam er an unerinnerten Gesichtern vorbei – Männer und Frauen, die vielleicht hier arbeiteten, vielleicht irgendwo im Gebäude zu tun hatten, vielleicht hergekommen waren, um sich alles anzusehen. Alle wußten vom Netz, auch wenn nur wenige wie Roykin es selbst erleben würden. Oder vielleicht waren sie erschienen, um Roykin zu sehen! Manche Gesichter schienen ihn zu kennen, denn sie flüsterten miteinander. Er lachte lauter. Roykin! Roykin kannte Roykin auch. Es war ein Name, den jeder kennen sollte!

Er lachte immer noch, während das Bad ihn besprühte, seifte, abwusch und trocknete.

»Liebe?« flüsterte das Badsprechgerät. Parfümdüsen und Puderzerstäuber standen bereit. »Sport? Schlaf? Was wünschen Sie?«

Roykin zog die Brauen zusammen. Die Lust auf Zenomia war ihm vergangen.

»Nichts«, entschied er. »Ich will nur weg hier.« Warme Luftwolken wanden sich gehorsam um ihn, und der Vorhang öffnete sich.

Er trat hinaus und zog sich an, während Zenomia liebevoll wartete. Aber er sagte großartig: »Nicht jetzt, vielleicht sehen wir uns später. Ich möchte Grillard besuchen.«

Grillards Haus stand allein auf Stelzen in zwei Meter tiefem Wasser.

»Hallo!« rief Roykin und winkte dem Haus zu. »Hol mich doch!«

Gehorsam entrollte das Haus ein schwimmendes Band von der Tür bis zum grasbewachsenen Ufer, wo Roykin stand. Er trat auf das Band, und es zog ihn zur Tür. Eine silberne Stimme erkannte ihn und gongte: »Roykin, Roykin«, obwohl er noch nie dort gewesen war; auf Grillard ist Verlaß, dachte er, er hat nicht vergessen, dem Haus zu sagen, daß ich auftauchen könnte. Roykin wartete ungeduldig.

Grillard erschien.

Das gutaussehende Gesicht, umgeben von weißem Haar, wirkte würdevoll, aber unsicher.

»Was wollen Sie, Roykin?«

»Ich bin wieder da, Grillard.«

»Ich weiß. Ich habe die Anweisung für das Netz unterzeichnet.«

Roykin zwängte sich an ihm vorbei.

»Sie haben auch die Anweisung unterschrieben, die mich hingeschickt hat.«

»Ich hatte keine andere Wahl. Was wollen Sie?«

Roykin trat ein, setzte sich und berührte kleine Figuren auf dem Tisch.

»Chinesisch, Grillard?« schätzte er und griff nach einer kleinen Figur. Sie war ziemlich schwer und gefährlich. »Sieht chinesisch aus.«

»Verschwinden Sie, Roykin.«

Roykin überlegte.

»Nein«, entschied er, »das will ich nicht. Ich dachte, ich will Zenomia, aber ich wollte sie auch nicht. Ich weiß nicht genau, was ich will. Ist das lustig, Grillard?«

Grillard sah ihn nervös an.

»Ich warne Sie, Roykin«, sagte er unsicher. »Das nächste Vergehen ist Ihr drittes, und da geht es nicht um dreißig Tage.«

»Was ist es?« fragte Roykin verträumt. »Nein, es war nicht Zenomia, die ich wollte, obwohl sie pralle Brüste hat. Es war überhaupt keine Frau. Ich wollte jemanden erschrecken.«

»Verschwinden Sie!«

»Vielleicht stehle ich Ihre chinesische Figur«, sagte Roykin, »oder ich schlage Sie damit nieder. Vielleicht rupfe ich Ihnen den Bart aus. Haben ie eine Frau, Grillard? Ich weiß es nicht, aber ich könnte sie schänden. Ich habe diese Dinge gelernt, in dreißig Tagen, mit Ihrer Hilfe und mit der Hilfe anderer. Ich bin dankbar, glaube ich.«

»Roykin«, rief Grillard schrill, »das dritte Vergehen ist –«

»Halt den Mund, alter Mann, und komm her«, sagte Roykin, ging auf ihn zu, und später konnte er sich nicht mehr erinnern, was dann geschehen war.

Aber er erinnerte sich, was am nächsten Morgen geschah, o ja.

Grillard, ein Pflaster auf der Stirn, stand vor ihm auf dem Podest und sagte ins Mikrofon: »Die Diagnose lautet: völlige Dissoziation und Schizophrenie. Drittes Vergehen. Ein Tag.« Und dann kam wieder das Netz.

Roykin sprang auf die Beine, wo das Netz ihn absetzte, sehr zornig, denn nicht einmal Zenomia war gekommen, um ihn zu verabschieden. Er glaubte, daß er zu ihr gegangen war, nachdem er Grillard niedergeschlagen hatte, obwohl er sich nicht genau erinnern konnte. Außerdem war da etwas von einem Brand gewesen. Vielleicht konnte sie ihn nicht mehr leiden.

Aber er schaute sich um, und seine Wut ließ nach. Diesmal hatte man ihm seine Kleidung gelassen, und außerdem war es nicht sehr kalt.

Oh, ihr Narren, rief er innerlich voll Freude. Nur *ein* Tag?

Roykin befand sich in einer Großstadt; auf Stahlbeinen fuhren über ihm Züge. Er schaute sich um und war mit dem Gesehenen nicht unzufrieden. Grillard hatte noch immer nichts gelernt; genau das ist der Ort, der Roykin gefällt. Manche Leute fürchteten sich vor dem Netz und hielten sich deshalb an die von Grillard vorgezeichneten Wege, aber Roykin macht es Spaß, in die Vergangenheit geschickt zu werden. Er lernt daraus, und was er lernt, kann er in seiner eigenen Zeit anwenden. Ein Tag? Roykin war beinahe wütend; es hätten mehr sein müssen!

Er hielt einen Passanten auf.

»Wo bin ich?«

Aber der Mann verstand kein Spanisch; er schüttelte den Kopf und ging gereizt weiter. Ein zweiter Mann, mit dunklem Teint diesmal.

»Wo bin ich?« fragte Roykin erneut.

Dieser Mann sprach wenigstens Spanisch. Nicht gut, aber Roykin konnte es verstehen.

»In Philadelphia, Sir«, sagte er lächelnd mit einer Verbeugung.

»Philadelphia?« Roykin überlegte und erinnerte sich auf einmal. Oh. Philadelphia. Die Stadt war leicht im Gedächtnis zu behalten. Warum nicht? Sie entsprach Pearl Harbor oder Waterloo oder den Thermopylen; man erinnerte sich vielleicht nicht, wer in einer Schlacht gekämpft hatte, aber Kanonen donnerten in den Namen der Schlachtorte. »Denk an den fünften Juli«, sagte Roykin leichthin, bemüht, bei dem anderen Sympathie zu erwerben. Es war so, als sage man ›Denk an den Alamo‹ oder ›Denk an den siebten Dezember‹. Aber es war seltsam, dachte er, daß man keine Spur von Beschädigungen sah. Der Wiederaufbau mußte schnell und gründlich erfolgt sein.

»An den fünften Juli?« wiederholte der Mann und wich zurück.

»Bei Sonnenuntergang«, bestätigte Roykin. »Jeder weiß es. Tragisch, aber eine Großstadt für die ganze Welt, nicht wahr? Als die Bomben fielen und alle Menschen in Todesangst gerieten – ah, da kam man zu sich. Und Bomben auf Philadelphia waren ein kleiner Preis dafür, daß keine Bomben auf die übrige Welt mehr fielen. Oder vielleicht stimmen Sie als Einwohner von Philadelphia da nicht zu.« Er lachte freundlich.

Der Mann nickte, sah ihn aber sorgenvoll an.

»Ja, Sir«, sagte er, aber er ging weiter. »Heute ist der fünfte Juli«, sagte er und blieb in zehn Meter Entfernung stehen. Er fühlte sich in Sicherheit und wagte ein Lächeln. »Es ist noch nicht Sonnenuntergang«, rief er und verschwand um eine Ecke.

Roykin mag es nicht, wenn etwas seltsam ist. Er eilte dem Mann nach, weil ihm plötzlich etwas einfiel, woran er vorher nicht gedacht hatte. Er mußte das Datum in Erfahrung bringen – nicht nur den Tag, sondern auch das Jahr. Denn wenn es keine Anzeichen für die geworfenen Bomben gab, dann vielleicht deshalb . . .

An einem Kiosk gab es Zeitungen.

Er griff nach einem Blatt; das Datum sprang ihn an.

Drittes Vergehen. Ein Tag. Es war nicht zu wenig – durchaus nicht, vor allem, da der Himmel im Westen sich an diesem Tag, in dieser Stadt schon rot zu färben begann.

Es gab Züge, es gab Autos, es gab viele Möglichkeiten, die Stadt zu verlassen – aber nicht binnen Minuten, und Minuten blieben noch, mehr nicht. Roykin stand mit der Zeitung in der Hand da, starrte zum Himmel hinauf, während der Zeitungsverkäufer vergeblich sein Geld verlangte. Er glaubte dort etwas zu erkennen, winzig und silbrig. Er schaute hinauf, unfähig, sich zu bewegen. Es war wirklich da; er sah es; und dann sah er nichts und nie wieder. Drittes Vergehen – ein Tag –, aber es endete viel früher.

Die Bar hatte keinen Namen. Außen stand nur: ›Café – Essen – Cocktails‹.

Das ergab nicht viel Sinn. Aber es war eine Bar. Ein großes Fernsehgerät dudelte in drei glorreichen Farben, eine Musikbox versuchte den Fernsehapparat mit der miserablen Musik, die sie spielen, zu übertönen. Jedenfalls war es kein Lokal, in dem sich Halbstarke herumtrieben. Mir gefällt es irgendwie. Aber ich durfte eigentlich gar nicht dort sein – das steht im Vertrag. Ich sollte in New York und den Neuenglandstaaten bleiben.

Café – Essen – Cocktails lag gleich über dem Fluß. Ich glaube, die Gegend hieß Hoboken, genau weiß ich es nicht. Es wirkte alles wie im Traum. Ich war ... Nun, ich konnte mich nicht einmal erinnern, wie ich hingekommen war. Ich erinnerte mich, in der einen Minute in der Innenstadt von New York gewesen zu sein und über den Fluß geblickt zu haben. Und dann war ich dort. Ich erinnere mich überhaupt nicht, den Fluß überquert zu haben.

Ich war betrunken, wissen Sie.

Sie wissen, wie das ist? Doppelte Whiskys, und immer wieder nachbestellen. Nach einer Weile hört der Barmixer auf, mir Ginger Ale zu bringen, weil ich mit der Zeit vergesse, das Zeug zu mixen. Ich tankte ziemlich voll, bevor ich New York verließ, das ist mir klar. Ich muß wohl beachtlich getrunken haben, um die Pension und alles aufs Spiel zu setzen.

Früher habe ich nicht so viel getrunken, aber jetzt, ich weiß nicht, wenn ich ein Glas trinke, muß ich an Sam und Wally und Chowderhead und Gilvey und den Captain denken. Wenn ich nicht trinke, denke ich auch an sie, und dann trinke ich. Das führt zu einem zweiten Glas, und dann läuft es auf dasselbe hinaus. Nun, ich glaube, ich sagte es schon, ich trinke ziemlich viel, aber dafür kann ich nichts.

Da war ein Mädchen.

Ich erwische immer ein Mädchen in den Lokalen. Gewöhnlich sind sie nichts Besonderes, und die war es auch nicht. Ich meine, sie war vielleicht die Mutter von irgendeinem. Sie war Mitte Dreißig und gar nicht so übel, auch wenn sie eine lange Narbe vom Ohr am Hals entlang bis zu der kleinen runden Stelle hatte, wo sich ihr Kehlkopf befand. Sie war nicht häßlich. Sie roch gut – solange ich noch etwas riechen konnte, verstehen Sie –, und sie redete nicht viel. Das gefiel mir. Nur –

Tja, kennen Sie jemanden mit nervösem Husten? Wenn man etwas Komisches sagt, etwas Harmloses, keine Sache mit Knalleffekt, da lacht der nicht und lächelt auch nicht, er hustet nur so. Das machte sie. Mich begann es überall zu jucken, ich konnte nichts dafür. Ich bat sie, damit aufzuhören.

Sie verschüttete ihren Drink und sah mich an, beinahe so, als habe sie Angst – und ich versuchte, es leise zu sagen.

»Verzeihung«, sagte sie, ein bißchen zornig, ein bißchen angstvoll. *Verzeihung.* Aber Sie brauchen nicht –«

»Vergessen Sie's.«

»Sicher. Aber Sie haben mich gebeten, daß ich mich zu Ihnen setze, erinnern Sie sich? Wenn Sie jetzt –«

»Schon gut!« Ich nickte dem Barmann zu und hob zwei Finger. »Sie brauchen noch ein Glas«, sagte ich. »Die Sache ist die«, fuhr ich fort, »das hat Gilvey immer gemacht.«

»Was?«

»Dieses Husten.«

Sie sah mich verwirrt an.

»Sie meinen wie –«

»Herrgott noch mal, hören Sie auf!« Sogar der Mixer schaute diesmal zu mir herüber. Jetzt war sie ernsthaft wütend, aber ich wollte nicht, daß sie weglief. Ich sagte: »Gilvey war einer, der mit mir zum Mars geflogen ist. Pat Gilvey.«

»Oh.« Sie setzte sich wieder und beugte sich über den Tisch. »Zum Mars.«

*

Der Barmixer brachte unsere Getränke und sah mich argwöhnisch an.

»Sagen Sie mal«, meinte ich. »Könnten Sie die Klimaanlage abdrehen?«

»Nein.«

»Ach, seien Sie doch nicht so. Es ist zu kalt hier.«

»Tut mir leid.« Es hörte sich nicht so an. Aber mich fror. Ich meine, bei diesem Wetter ist es in den Lokalen immer kalt. Kennen Sie das, New York im August? Dreißig Grad im Schatten, fünfunddreißig, vierzig. In allen Lokalen gibt es Klimaanlagen, und man möchte, daß man Hemd und Krawatte trägt, wenn man 'reinkommt. Aber ich laufe gern viel herum. Das würde Ihnen genauso gehen. Und man kann mit langer Hose und Sakko und dem ganzen Zeug nicht so gut laufen. Nicht hier. Nicht im August. Und wenn ich also in eine Bar ging, gab es überall eine Art Tiefkühlanlage für Gebrauchtwagenverkäufer mit ihren Freundinnen oder auch Ehefrauen, alle in Schale. Wozu? Aber mich fror.

»Mars«, hauchte die Frau. »Mars.«

Mich begann es wieder zu jucken.

»Wollen Sie tanzen?«

»Das ist hier nicht erlaubt«, sagte sie. »Byron, ich habe nicht gewußt, daß Sie auf dem Mars gewesen sind! Bitte, erzählen Sie mir davon.«

»Es war in Ordnung«, sagte ich. Das war eine Lüge.

Sie war interessiert. Sie vergaß zu lächeln. Da sah sie netter aus.

»Ich habe einen Mann gekannt«, sagte sie, »meinen Schwager – er war der Bruder meines Mannes – meines geschiedenen Mannes, meine ich –«

»Ich weiß.«

»Er hat bei General Atomic gearbeitet. In Rockford, Illinois. Wissen Sie, wo das ist?«

»Sicher.« Ich konnte nicht hinfahren, aber ich wußte, wo Illinois war.

»Er hat am ersten Marsschiff mitgearbeitet. Hm, so fünfzehn

Jahre ist das her, ja? Er wollte immer selbst mitfliegen, bestand die Prüfungen aber nicht.« Sie verstummte und sah mich an. Ich wußte, was sie dachte. Aber ich sehe nicht immer so aus, wissen Sie. Nicht, daß mir jetzt noch etwas fehlt, meine ich, aber ich könnte die Prüfungen nicht mehr bestehen. Niemand kann es. Deshalb sind wir alle nur für einen Flug geeignet.

»Ich zittere nur so, weil mich friert«, sagte ich.

Es stimmte natürlich nicht. Es war dieses Husten von Gilvey. Ich denke nicht gern an Gilvey, Sam, Chowderhead, Wally oder den Captain. Ich dachte ungern an sie. Ich bekam das Zittern dabei. Wir konnten einander nämlich nicht umbringen, verstehen Sie. Das wollten sie nicht zulassen. Bevor wir starteten, stellten sie etwas mit unseren Gehirnen an, um ganz sicherzugehen. Was sie auch getan haben, es dauert nicht ewig. Es hält zwei Jahre an, dann vergeht es. Das ist lange genug, wissen Sie, weil man in dieser Zeit bis zum Mars und wieder zurück kommt; und es ist auch in anderer Beziehung lange genug, weil es einer Zwangsjacke gleicht. Wissen Sie, wie man ein Baby zum Weinen bringt? Man braucht nur seine Händchen festzuhalten. Das ist das Fundamentalste, was es gibt. Was sie mit uns gemacht haben, damit wir einander nicht umbringen konnten, war, daß wir wie gefesselt gewesen sind, wie in einer Zwangsjacke, so, als habe man uns die Hände festgehalten, damit wir uns nicht befreien konnten. Tja. Aber zwei Jahre waren lang genug. Zu lange.

Der Barmixer kam herüber und sagte: »Hören Sie, es tut mir leid. Ich habe die Klimaanlage zurückgedreht. Alles in Ordnung mit Ihnen? Sie sehen so –«

»Sicher, alles in Ordnung«, sagte ich. Er wirkte besorgt. Ich hatte ihn nicht einmal zurückkommen hören. Die Frau war auch betroffen, wohl deshalb, weil ich so stark zitterte, daß ich meinen Whisky verschüttete. Ich legte Geld auf den Tisch, ohne es zu zählen.

»Schon gut«, sagte ich. »Wir wollten eben gehen.«

»Ja?« Sie war verwirrt, aber sie ging mit. Sie gehen immer mit. Sobald sie erfahren haben, daß man auf dem Mars gewesen ist.

Im nächsten Lokal sagte sie, zwischen Besuchen im Waschraum: »Man braucht wohl sehr viel Mut, um sich für so etwas zu verpflichten. Sind Sie in der Schule schon an wissenschaftlichen Dingen interessiert gewesen? Muß man nicht enorm viel wissen, um Raumfahrer zu sein? Haben Sie jemals eines von diesen kleinen Affenwesen gesehen, die angeblich auf dem Mars leben? Ich habe einen Artikel darüber gelesen, daß sie in kleinen Städten aus winzigen Zelten wohnen oder so ähnlich – nur haben sie die nicht hergestellt, sondern gepflanzt. Komisch! Haben Sie die gesehen? Der Flug muß ja furchtbar anstrengend gewesen sein. Wieviel waren es, neun Monate? Ein Baby hätten Sie nicht kriegen können! Entschuldigen Sie . . . Hm. Sagen Sie, wie ist das die ganze Zeit eigentlich so gegangen? Ich meine, haben Sie denn nie aufs, na, Sie wissen schon, gehen müssen und so?«

»Wir haben uns beholfen«, sagte ich. Sie kicherte, und dabei fiel es ihr ein, und sie ging wieder auf die Toilette. Ich überlegte mir, ob ich aufstehen und gehen sollte, solange sie weg war, aber was hätte das genützt? Ich würde nur jemand anderes finden.

Es war fast Mitternacht. Ein paar Minuten fielen nicht ins Gewicht. Ich griff in meine Tasche nach der kleinen Tablettenschachtel, die sie uns geben – man kann sie nicht nachfüllen, aber wir bekommen jeden Monat ein neues Rezept mit der Post, zusammen mit dem Pensionsscheck. Auf der Schachtel stand: ›Achtung! Nur nach Anweisung des Arztes einnehmen. Nicht für Personen mit Herzinsuffizienz, Verdauungs- oder Kreislaufstörungen. Nicht zusammen mit alkoholischen Getränken einnehmen.‹

Ich nahm drei Stück. Ich fange nicht gerne vor Mitternacht damit an, aber wenigstens hörte das Zittern auf.

Ich schloß die Augen und war wieder im Raumschiff. Der Lärm in der Bar wurde zum Lärm der Raketen, der Luftreinigungsanlage und Abfallaufbereiter. Ich begann zu schwitzen, obwohl es auch in diesem Lokal eine Klimaanlage gab. Ich konnte Wally vor sich hinpfeifen hören, wie es seine Art war, das Geräusch von seiner Sauerstoffmaske gedämpft, vom Raketenlärm übertönt, aber trotzdem deutlich hörbar. Er pfiff den Schlager ›Sophisticated Lady‹. Manchmal pfiff er ›Easy to Love‹ und manchmal ›Chasing Shadows‹, aber meistens war es ›Sophisticated Lady‹. Er war aus Juillard. Jemand nieste, und es klang genau wie Chowderheads Niesen. Sie kennen das, wie jeder Mensch ganz auf seine eigene Art niest? Chowderhead nieste zierlich wie eine Dame – das ging ›Hitt‹, ganz schnell, nur durch den Mund, die Nase war gar nicht beteiligt. Der Captain machte ›Hrassch!‹, Wally, das war ›Äschu, äschu, *äschu*‹. Gilvey tönte ›Haa-tschi‹. Sam nieste kaum, aber er hustete und spritzte, und das war schlimmer. Manchmal dachte ich darüber nach, wie ich Sam umbringen würde, indem ich ihn fesselte und von Wally und dem Captain zu Tode niesen ließ. Aber das war natürlich eine Art Witz, wenn ich mich gut fühlte. Oder einigermaßen gut. Gewöhnlich dachte ich an ein Messer für Sam. Für Chowderhead war es eine Maschinenpistole – einfach auf- und abrattern, verstehen Sie, hin und zurück. Den Captain steckte ich mit hungrigen Löwen in einen Käfig, Gilvey erwürgte ich mit bloßen Händen. Das lag vermutlich am Husten.

Sie war wieder da.

»Bitte, erzählen Sie mir davon«, bat sie. »Ich bin so neugierig.«

Ich öffnete die Augen.

»Sie möchten, daß ich Ihnen davon erzähle?«

»O ja, bitte!«

»Davon, wie es ist, mit einer Rakete zum Mars zu fliegen?«

»Ja!«

»Na gut«, sagte ich. Es ist großartig, was drei kleine, weiße Pillen vermögen. Ich zitterte nicht einmal. »Da sind sechs Männer, verstehen Sie? In einem Raum von der Größe eines Buick, und mehr Platz gibt es nicht. Zwei von uns ständig in den Kojen, vier auf Wache. Vielleicht möchte man zehn Minuten länger im Bett bleiben – weil das der einzige Ort im Schiff ist, wo man sich ausstrecken kann, wissen Sie, der einzige Ort, wo man sich ausruhen kann, ohne daß man den Ellbogen eines anderen in den Rippen spürt. Aber man kann nicht. Inzwischen kommt nämlich der nächste dran. Und vielleicht hat man keinen Ellbogen in den Rippen, während man Pause macht, aber in der Steuerbordkoje befindet sich das Hauptventil des Luftregenerators – ich bin sicher, daß ich Ihnen die Spuren noch zeigen kann, genau in der Nierengegend –, und in der Backbordkoje ist der Griff der Notausstiegluke. Die erwischt einen genau an der Schläfe, wenn man den Kopf zu schnell dreht. Und man kann auch nicht richtig schlafen – nicht fest, meine ich –, weil der Lärm so groß ist. Wenn die Raketen eingeschaltet sind, heißt das. Wenn sie nicht laufen, befindet man sich im freien Fall, und das ist auch schlecht, weil man vom Fallen träumt. Aber wenn sie laufen, ich weiß nicht, ich glaube, es ist schlimmer. Es ist ziemlich laut. Und selbst wenn der Lärm nicht wäre, wenn man zu fest schläft, dreht man sich vielleicht auf seinen Sauerstoffschlauch. Dann träumt man vom Ertrinken. Ist Ihnen das schon mal passiert? Man wehrt sich, man erstickt und bekommt keine Luft. Gefährlich ist es wohl nicht. Mich hat es jedenfalls immer rechtzeitig geweckt. Andererseits habe ich von einem gehört, der vor sechs Jahren bei einem Flug –

Na ja. Man trägt also dauernd die Sauerstoffmaske, die ganze Zeit, außer wenn man sie für eine Sekunde abnimmt, um mit jemandem zu sprechen. Das tut man nicht oft, weil – was gibt es schon zu sagen? Oh, vielleicht in den ersten Wochen, sicher – da herrscht noch Freundschaft. Man braucht die Masken nicht einmal. Oder nicht häufig. Alle sind noch ziemlich sauber. Es riecht wie – na, wie im Umkleideraum eines Turnsaals. Klar? Man kann es aushalten. Das heißt, wenn keiner raumkrank wird. Wir hatten da Glück. Ich habe von einem Flug gehört, wo zwei Mann von der Besatzung bei der ersten Kurskorrektur raumkrank geworden sind und sich am zweiten Flugtag im ganzen Raumschiff ausgekotzt haben. Mann! Aber dazu kommt es sowieso, verstehen Sie. Ohne die Masken ist das wie Suppe. Es liegt gar nicht mal so sehr am Geruch. Man *schmeckt* es gewissermaßen, am Gaumen, und die Augen brennen. Das ist nach den ersten zwei oder drei Monaten. Später wird es schlimmer. Und wenn man die Masken trägt, wird das Sauerstoffgemisch natürlich unter Druck zugeführt. Das ist komisch, wenn man es nicht gewöhnt ist. Die Lunge muß ein bißchen mehr arbeiten, um es loszuwerden, vor allem, nachdem man eingeschlafen ist, und da werden die Muskeln überanstrengt und schmerzen. Und schmerzen ärger. Und dann –

Na ja.

Bevor wir starten, geben uns die Psychiater etwas, was uns daran hindert, einander umzubringen. Aber sie können einen nicht hindern, daran zu denken. Und hinterher, wenn wir wieder auf der Erde sind – und davon lesen Sie in den Artikeln nichts –, halten sie uns voneinander fern. Wissen Sie, wie sie das machen? Wir bekommen eine Pension, versteht sich. Ich meine, die muß es geben, sonst gäbe es nicht genug Geld auf der Welt, um jemanden so weit zu bekommen, daß er fliegt. Aber im Vertrag steht, daß man in seinem eigenen Gebiet bleiben muß, wenn man seine Pension behalten will. Das ganze Land ist aufgeteilt. Sechs Bereiche. In jedem gibt es mindestens eine große Stadt. Ich hatte Glück, bei mir gibt es viele. Sie bemühen sich darum, daß bei jedem die Heimatstadt in dem betreffenden Gebiet liegt, aber – na, bei uns, zum Beispiel. Chowderhead und der Captain stammten zufällig beide aus Santa Monica. Ich glaube, es war Chowderhead, der Kalifornien, Nevada, den ganzen Südwesten bekam. Glück beim Ziehen. Weiß der Himmel, was der Captain bekommen hat. Vielleicht New Jersey«, sagte ich und nahm noch eine Tablette.

Wir gingen in ein anderes Lokal.

Sie sagte plötzlich: »Mir ist etwas klargeworden. Die Art, wie Sie sich umsehen.«

»Was ist Ihnen klargeworden?«

»Tja, zum Teil lag es an Ihrer Bemerkung, daß der andere vielleicht New Jersey bekommen hat. Wir sind in New Jersey. Sie gehören nicht in dieses Gebiet, nicht wahr?«

»Stimmt«, sagte ich nach einer langen Pause.

»Weshalb sind Sie dann hier? Ich weiß warum. Sie sind hier, weil Sie jemanden suchen.«

»Richtig«, sagte ich.

»Sie wollen den anderen Mann von Ihrer Besatzung finden!« erklärte sie triumphierend. »Sie wollen sich mit ihm schlagen!«

Ich konnte das Zittern nicht unterdrücken, Tablette hin, Tablette her. Aber ich mußte das richtigstellen.

»Nein. Ich möchte ihn umbringen.«

»Woher wissen Sie, daß er hier ist? Er hat ja auch eine ganze Reihe von Staaten, in denen er sich bewegen kann, oder?«

»Sechs. New Jersey, Pennsylvania, Delaware, Maryland – bis hinunter nach Washington.«

»Woher wissen Sie dann –«

»Er wird hier sein.« Ich brauchte ihr nicht zu sagen, woher ich das wußte. Aber ich wußte es.

Ich war nicht der einzige, der seine Zeit an der Grenze seines Bereichs verbrachte, über den Fluß oder über eine Bundesstaatsgrenze starrte, mit dem Wissen, daß einer auf der anderen Seite war. Ich wußte es. Man führt Krieg und braucht nicht zu raten, daß der Feind seine Truppen tausend Meilen von der Front entfernt aufgestellt haben könnte. Man weiß, wo seine Truppen sein werden. Man weiß, daß auch er kämpfen will.

Hitt. Hitt.

Ich sah sie an. »Sie – Sie haben doch nicht –«

Sie wirkte ausgesprochen ängstlich. »Was ist los?«

»Haben Sie eben geniest?«

»Geniest? Ich? Ob ich –«

Ich sagte schnell etwas Bösartiges, ich weiß nicht, was. Nein! Sie war es nicht gewesen. Das wußte ich.

Es war Chowderheads Niesen gewesen.

*

Chowderhead.

Marvin Roebuck hieß er richtig. Einsvierundsiebzig groß. Dunkler Teint, leichtes Schielen. Akzent vom Mittelwesten, obwohl er aus Kalifornien stammte – ›greischen‹ statt ›kreischen‹ und ›Schräggen‹ statt ›Schrecken‹. Nach einer Weile machte mich das wahnsinnig. Vielleicht sagt Ihnen das, wovon er die meiste Zeit sprach. Ein Stinktier. Ein ausgesprochenes Superstinktier.

Ich stieß meinen Stuhl um und schrie: »Roebuck! Wo bist du, verdammt?«

In der Bar wurde es plötzlich totenstill. Nur die Musikbox plärrte.

»Ich weiß, daß du hier bist«, brüllte ich. »Komm 'raus und stell dich, Dreckskerl! Du Schweinehund, ich hab' dir gesagt, daß ich dich erledige, als du mich damals einen Lügner genannt hast, wie Wally sich die Maske zerriß!«

Stille, alle starrten mich an.

Dann öffnete sich die Tür der Herrentoilette.

Er kam heraus.

Er sah miserabel aus. Die Augen rotgerändert, die Haare fielen ihm aus – der arme Hund konnte nicht älter als neunundzwanzig sein. Er kreischte: »Du!« Er gab mir tausend Schimpfnamen. Er sagte: »Dreckige Ratte, ich werd' dir beibringen, mich um meine Schokolade zu betrügen!«

Er hatte ein Messer.

Das war mir egal. Ich hatte nichts, und das war dumm, aber es spielte keine Rolle. Ich nahm eine Bierflasche vom Nebentisch und zerschlug sie an einer Stuhllehne. Das ist eine gute Waffe, müssen Sie wissen; ich ziehe sie jederzeit einem Messer vor. Ich lief auf ihn zu, und er kam taumelnd und schwankend heran, verzweifelt und irr aussehend, murmelnd und tobend – ich konnte ihn kaum verstehen, weil ich auch redete. Niemand versuchte uns aufzuhalten. Jemand verließ das Lokal, wahrscheinlich, um die Polizei zu holen, aber das ging in Ordnung. Sobald ich ihn erledigt hatte, war mir gleichgültig, was die Polizei machte.

Ich zielte auf das Gesicht.

Er traf mich zuerst. Ich spürte, wie das Messer meinen linken Arm aufschlitzte, aber wissen Sie, es tat nicht einmal weh – es brannte nur ein bißchen. Das störte mich nicht. Ich erwischte ihn im Gesicht, die Flasche sank herunter, und es war alles wie graue und weiße Sülze, und dann spritzte das Blut heraus. Er schrie. Oh, dieser Schrei! Ich habe noch nie so etwas wie diesen Schrei gehört; darauf hatte ich mein ganzes Leben gewartet. Ich gab ihm einen Tritt, als er zurückwankte, und er stürzte. Und ich warf mich mit der Flasche auf ihn und achtete darauf, nicht das Herz oder die Kehle zu treffen, weil das zu schnell gegangen wäre – aber ich bearbeitete das Gesicht, und ich spürte sein Messer noch ein paarmal in mir, und –

Und –

Und ich wachte auf. Und über mich beugte sich Dr. Santly mit der Spritze, die er eben aus meinem Arm gezogen hatte, während mich vier Pfleger in Drillichanzügen festhielten. Und ich war schweißüberströmt.

Eine Minute lang wußte ich nicht, wo ich war. Es war eine schreckliche, mulmige Empfindung des Fallens, so als lösten sich die Bar und der Kampf und die Welt rings um mich in Rauch auf.

Dann wußte ich, wo ich war.

Es war beinahe noch schlimmer.

Ich hörte auf zu schreien und lag einfach da, sah zu ihnen auf.

Dr. Santly gab sich Mühe, ein freundliches, unverbindliches Gesicht zu zeigen, und sagte: »Sie halten sich schon viel besser, Byron, mein Junge. *Wesentlich* besser.«

Ich sagte gar nichts.

»Sie haben das Ganze in zwei Stunden und acht Minuten durchgemacht«, sagte er. »Erinnern Sie sich an das erstemal? Sie haben sechzehn Stunden dazu gebraucht, ihn umzubringen. Captain Van Wyck war es damals, wissen Sie noch? Wer war es diesmal?«

»Chowderhead.« Ich starrte die Pfleger an. Sie ließen mit zweifelnden Gesichtern meine Arme und Beine los.

»Chowderhead«, sagte Dr. Santly. »Ach, so – Roebuck. Der junge Mann entwickelt sich lange nicht so gut wie Sie«, sagte er bedauernd, mit trauriger Miene. »Nicht annähernd. Er braucht zu einem Zyklus nie weniger als fünf Stunden. Und das ist merkwürdig, gewöhnlich sind Sie es, den er ... Na, ich sollte das lieber nicht sagen, wie? Es hat keinen Sinn, einen Gegeneindruck zu schaffen, wenn sozusagen alle Ihre Poren geöffnet sind, wie?« Er lächelte mich an, aber dahinter spürte man die Besorgnis.

Ich setzte mich auf.

»Hat einer eine Zigarette?«

»Geben Sie ihm eine Zigarette, Johnson«, befahl der Arzt dem Pfleger neben meinem rechten Fuß. Johnson gehorchte. Ich zündete sie mir an. »Sie machen sich *prächtig«*, sagte Dr. Santly. Er war einer von den Psychiatern, die meinen, wenn man etwas so nennt, dann ist es so. Kennen Sie die Sorte? »Bis zum Ende der Woche haben wir Sie so weit, daß Sie keine ganze Stunde mehr brauchen. Das ist ein *großartiger* Fortschritt. Dann können wir auf der Bewußtseinsebene weitermachen! Mein Junge, Sie halten sich prima, ob Sie es nun wissen oder nicht. Tja, in sechs Monaten – sagen wir, in acht, weil ich vorsichtig bin«, er zwinkerte mir zu, »können wir Sie hier entlassen! Sie werden der erste von Ihrer Besatzung sein, der entlassen wird, ist Ihnen das klar?«

»Fein«, sagte ich. »Den anderen geht es nicht so gut?«

»Nein. Ganz und gar nicht, den meisten jedenfalls. Vor allem Doktor Gilvey nicht, die Durchgänge hinterlassen ihn in schrecklicher Verfassung. Ich muß leider zugeben, daß ich mir schwere Sorgen mache.«

»Das ist fein«, sagte ich, und diesmal meinte ich es ernst.

Er sah mich nachdenklich an, aber er sagte zu den Pflegern nur: »Jetzt ist er in Ordnung. Helft ihm vom Tisch.«

Es war schwer, aufrecht zu stehen, ich mußte mich eine Weile festhalten. Ich hielt meine eingeübte kleine Rede: »Doktor Santly, ich möchte Ihnen noch einmal sagen, wie dankbar ich bin. Ich hatte mich schon damit abgefunden, den Rest meines Lebens auf einen Teil des Landes beschränkt zuzubringen, so, wie es bisher immer bei den anderen Besatzungen war. Aber das ist viel besser. Ich schätze das sehr. Die anderen empfinden sicher genauso.«

»Natürlich, mein Junge. Natürlich.« Er zog einen Füllfederhalter heraus und notierte etwas auf meinem Krankenblatt; ich konnte nicht sehen, was, aber er wirkte befriedigt. »Das steht Ihnen schließlich auch zu, Byron«, sagte er. »Ich bin froh, daß ich es sein durfte, der die Hand dazu bietet.« Er sah die Pfleger mit Verschwörungsblick an. »Sie wissen, wie wichtig mir das ist. Es ist der Triumph eines völlig neuen Weges psychischer Wiederherstellung. Ich will damit sagen, unsere Helden der Raumfahrt haben einen Anspruch auf Freiheit, wenn sie auf die Erde zurückkehren, nicht wahr?«

»Absolut«, sagte ich und wischte mir mit dem Ärmel den Schweiß von der Stirn.

»Wir müssen dieses System umgrenzter Bereiche aufgeben. Wir können die Spannungen der Weltraumfahrt nicht beseitigen, nein. Aber wenn wir euch helfen können, die Belastungen durch ein paar Wiederholungen abzureagieren, ist das kein zu hoher Preis, nicht?«

»Durchaus nicht.«

»Ich meine damit«, sagte er, sich erwärmend, »ihr könnt der Zeit entgegensehen, in der ihr euch mit alten Freunden aus dem Raumschiff treffen könnt, frei und ohne Vorbehalte, ohne jeden Zwang. Das ist doch eine wunderbare Aussicht, nicht wahr?«

»Gewiß«, sagte ich. »Ich freue mich sehr darauf. Und ich weiß auch ganz genau, was ich mache, wenn ich das erstemal einen treffe – ohne Zwang, meine ich, wie Sie so schön sagten«, schloß ich. Und das stimmte; ich wußte es. Nur würde ich keine abgeschlagene Bierflasche verwenden.

Ich hatte viel ausgefallenere Ideen.

ICH PLINGLOT, WER DU?

I

»Moment mal«, sagte ich, »das ist eine Gelegenheit, sich urban zu geben. Wenig sagen, viel andeuten.« Und so lächelte ich und nickte weise, ohne Worte, in die Blitzlichter.

Das Sitzungszimmer war nicht groß genug, sie hatten die Ausschußsitzungen verlegen müssen. Und es war heiß. Senator Schnell kam den Mittelgang heruntergestürmt, schwitzend, mit glänzender Stirn und funkelndem Goldzahn.

Er packte meinen Arm.

»Großartig, Mr. Smith«, rief er nickend und grinsend, »ich freue mich ja so darüber, daß Sie rechtzeitig eingetroffen sind! Einen Augenblick.«

Er spreizte die Beine, hielt mich fest, drehte mich zu den Fotografen und legte den Arm um meine Schulter, als das Blitzlichtgewitter losbrach.

»Großartig«, sagte der Senator glücklich. »Danke, Leute! Kommen Sie, Mr. Smith!«

Sie gaben mir einen erstklassigen Platz in Fensternähe, wo die Klimaanlage so viel Krach machte, daß ich kaum etwas verstehen konnte, aber was gab es schon zu hören, bevor ich selbst das Wort ergriff? Draußen warf das Washington Monument das Sonnenlicht zurück.

»Wir fangen gleich an«, flüsterte mir Mr. Hagsworth ins Ohr – er war jung und für den Ausschuß tätig. »Sobald uns die Sendegesellschaften das Zeichen geben.«

Er klopfte mir freundlich und voll Stolz auf die Schulter; mit den Schultern hatten sie es irgendwie. Er hatte mich zum Ausschuß gebracht, und damit war ich, wie er meinte, eine Art Besitztum von ihm, ein Geschenk für Senator Schnell, obwohl wir natürlich wissen, wie sehr er sich da täuschte. Aber er war stolz. Es war sehr heiß, und ich barg viele Schlagzeilen in mir.

Frage Mr. Hagsworth: Würden Sie Ihren Namen nennen, Sir?

Antwort: Robert Smith.

F.: Ist das Ihr richtiger Name?

A.: Nein.

Ah, das gab Aufregung! Sie raschelten und husteten und flüsterten, die Leute auf den vielen Plätzen. Senator Schnell ließ seinen Goldzahn blitzen. Senator Loveless, sein Gegner und Adjutant, sozusagen zweiter Befehlshaber des Ausschusses, aber von der Oppositionspartei, zog unter seinem silbrigen Haar die Brauen zusammen. Er wußte aber, daß ich das sagen würde, er hatte alles schon am Abend zuvor in der geschlossenen Sitzung gehört.

Mr. Hagsworth verschenkte den Augenblick nicht, er sprach über das Rascheln und Husten hinweg.

F.: Sir, haben Sie die Identität von ›Robert Smith‹ angenommen, um Ihre Ermittlungen im Auftrag dieses Ausschusses zu fördern?

A.: Ja.

F.: Und können Sie –

Senator Loveless: Entschuldigen Sie.

Mr. Hagsworth: Gewiß, Senator.

Senator Loveless: Danke, Mr. Hagsworth. Sir – das heißt, Mr. Smith –, soll das heißen, daß es nicht angemessen oder ratsam wäre, wenn Sie zu diesem Zeitpunkt Ihre wahre oder richtige Identität bekanntgeben – das heißt, der Öffentlichkeit kundtun – würden. Oder unter diesen Umständen?

A.: Ja.

F.: Vielen Dank, Mr. Smith. Ich wollte nur diesen Punkt geklärt haben.

Mr. Hagsworth: Dann sagen Sie uns, Mr. Smith –

Senator Loveless: Das ist jetzt klar.

Der Vorsitzende: Vielen Dank für Ihre Mitarbeit, Senator. Mr. Hagsworth, Sie können fortfahren.

Mr. Hagsworth: Danke, Senator Schnell. Danke, Senator Loveless. Mr. Smith, würden Sie uns die Art der Ermittlungen bezeichnen, die Sie für diesen Ausschuß zum Abschluß gebracht haben?

A.: Gewiß. Ich habe die Frage der interstellaren Raumfahrt untersucht.

F.: Das heißt, Verkehr zwischen Planeten verschiedener Sterne?

A.: Richtig.

F.: Und sind Sie zu Schlußfolgerungen hinsichtlich der Möglichkeit einer solchen Raumfahrt gekommen?

A.: O ja. Nicht nur zu Schlußfolgerungen. Ich habe eindeutige Beweise dafür, daß eine ausländische Macht in direktem Kontakt mit Wesen steht, die auf dem Planeten eines anderen Sterns leben, und in Kürze mit einem Besuch von ihnen rechnet.

F.: Würden Sie uns die ausländische Macht nennen?

A.: Rußland.

Oh, es lief sehr gut. Aufruhr breitete sich aus: ungeheurer Lärm, heftige Hammerschläge von Senator Schnell und die höchsten Einschaltquoten für sämtliche Fernsehgesellschaften, als eine Pause eintrat. Und Mr. Hagsworth war so erfreut, daß er mich kaum noch nach den Akten fragte, was mir angenehm war, weil es sich da um eine schwierige Antwort handelte. »Großartiges Theater, hm, Mr. Smith«, meinte er mit einem Augenzwinkern.

Ich lächelte nur.

Am Nachmittag war es ebenfalls unglaublich heiß, vor allem deshalb, weil Senator Schnell immer wieder zu mir trat und die Blitzlichter aufflammten. Es war wunderbar, wunderbar.

F.: Mr. Smith, heute vormittag haben Sie uns erklärt, eine ausländische Macht stehe in Verbindung mit Lebewesen auf dem Planeten des Sterns Aldebaran, ist das richtig?

A.: Ja.

F.: Können Sie diese Lebewesen beschreiben? Ich meine jene, die Sie als Aldebaranier bezeichnet haben.

A.: Gewiß, allerdings nennen sie sich selbst anders – das Wort in ihrer Sprache würde ich hier als ›Triops‹ wiedergeben. Sie sind im

Durchschnitt etwa achtundzwanzig Zentimeter groß. Sie haben zwei Beine wie Sie. Sie haben drei Augen und leben in Kristallstädten unter dem Wasser, obwohl sie Luft atmen.

F.: Weshalb das, Mr. Smith?

A:. Die Oberfläche ihres Planeten wird von ungeheuren Bestien verwüstet, gegen die sie sich nicht wehren können.

F.: Aber sie besitzen machtvolle Waffen?

A.: O ja, sehr machtvolle, Mr. Hagsworth.

Und dann war es Zeit für mich, sie herauszuziehen und herzuzeigen, die aldebaranischen Handfeuerwaffe. Sie war klein und weich, und ich mußte sie mit einer gebogenen Büroklammer abfeuern, aber sie machte ein Loch durch drei Stockwerke und den Betonboden des Kellers, und sie waren alle maßlos interessiert. O ja!

Und so erzählte ich den ganzen Nachmittag von den Aldebaraniern, obwohl – was spielten sie für eine Rolle? Mr. Hagsworth fragte mich nicht nach anderen Rassen, über die ich etwas von größerem Interesse hätte sagen können. Hinterher fuhren wir zu meiner Suite im Hotel Mayflower, und Mr. Hagsworth sagte bewundernd: »Sie halten sich phantastisch, Mr. Smith. Wenn das vorbei ist, frage ich mich, ob Sie vielleicht hier in Washington einen Posten übernehmen möchten.«

»Wenn das vorbei ist?«

»Ach«, meinte er, »ich bin schon einige Jahre dabei, Mr. Smith. Ich habe sie kommen und gehen sehen. Jede Zeitung ist heute abend voll von Berichten über die Aldebaranier, aber was ist nächstes Jahr? Da wird man etwas Neues hinausposaunen.«

»Bestimmt nicht«, sagte ich.

Er zuckte die Achseln.

»Wie Sie meinen«, sagte er nachsichtig. »Auf jeden Fall ist das jetzt eine Riesensensation. Senator Schnell genießt die Schlagzeilen. Er steht nächstes Jahr zur Wiederwahl, wissen Sie, und ganz unter uns gesagt, er befürchtet schon, zu unterliegen.«

»Ausgeschlossen, Mr. Hagsworth«, sagte ich aus sicherem Wissen, aber das konnte ich ihm nicht verraten. Er dachte, ich sei nur höflich. Es spielte keine Rolle.

»Er wird sich freuen, das zu hören«, sagte Mr. Hagsworth, stand auf und zwinkerte mir zu; er war ein großer Zwinkerer. »Aber überlegen Sie sich, was ich von einem Posten erwähnt habe, Mr. Smith – oder wollen Sie mir vielleicht Ihren richtigen Namen mitteilen?«

Warum nicht? Immer fair!

»Plinglot«, sagte ich.

Er wiederholte betroffen: »Plinglot? Plinglot? Das ist ein merkwürdiger Name.« Ich sagte nichts, weshalb auch? »Aber Sie sind auch ein merkwürdiger Mann«, meinte er seufzend. »Ich will nicht verschweigen, daß ich gerne eine ganze Reihe von Fragen stellen würde. Zum Beispiel nach der Akte mit dem Briefwechsel zwischen Ihnen und Senator Heffernan. Sie werden mir wohl nicht mitteilen wollen, woher es kommt, daß kein Angestellter des Ausschusses sich daran erinnern kann, obwohl die Akte in unseren Unterlagen aufgetaucht ist, genau, wie Sie es vorausgesagt haben?«

Senator Heffernan war tot, deshalb der Briefwechsel mit seiner Person. Aber ich kenne den Trick bei peinlichen Fragen, man stellt selbst eine, statt zu antworten.

»Vertrauen Sie mir nicht, Mr. Hagsworth?«

Er sah mich merkwürdig an und ging wortlos. Egal. Es war Zeit, ich hatte viel zu tun.

»Keine Anrufe«, sagte ich der Vermittlung, »und keine Besuche, ich muß mich ausruhen.« Außerdem würde ein Bewacher erscheinen, den Hagsworth mir versprochen hatte. Ich fragte mich, ob er das auch veranlaßt hätte, wenn ich ihn nicht darum ersucht hätte, aber auch das spielte keine Rolle.

Ich setzte mich schnell in einen großen Lehnsessel mit purpurrot bestickter Kopfstütze. Es war mein Raumschiff, mit kosmetischer Polsterung. S-s-s-ssst, so schnell ging das, mehr war nicht dabei, und ich war an Ort und Stelle.

2

In der alten Zeit hätte ich es nicht so genau treffen können, denn früher schlief man den ganzen Tag und arbeitete trinkend die ganze Nacht. Aber jetzt hielt man sich an einen kapitalistischen Stundenplan.

»Guten Morgen, Gospodin«, rief der Mann in der schwarzen Tunika und sprang auf, als ich die hohen Doppeltüren öffnete. »Ich hoffe, Sie haben gut geschlafen.«

Ich hatte mich hastig umgezogen und trug Schlafanzug und Morgenmantel. Ich reckte mich, gähnte und brummte in perfektem Russisch: »Ganz gut, ganz gut. Wie spät ist es?«

»Acht Uhr früh, Gospodin Arakelian. Ich werde Ihr Frühstück bestellen.«

»Haben wir Zeit dafür?«

»Genug Zeit, Gospodin, zumal Sie sich schon rasiert haben.«

Ich schaute ihn mir genauer an, aber er hatte ein breites, offenes Russengesicht ohne Verschlagenheit oder Argwohn. Ich trank Tee und zog wieder Straßenkleidung an, eine kleinere Größe, weil ich jetzt kleiner war. Der Portier des Hotels Metropol öffnete den Schlag der schwarzen Zis-Limousine, und wir holperten über Kopfsteinpflaster zu dem weißen Marmorgebäude ohne Namen. Hier in Moskau war es ebenfalls heiß, trotz der frühen Morgenstunde.

An diesem Morgen trugen sie alle sorgenvolle Mienen zur Schau in dem halbdunklen, kühlen Raum.

Es waren drei:

Blaue Augen – Kwetschnikow, der Hochgewachsene, mit den strahlend blauen Augen; er blickte an die Wand, an die Decke, aber nicht auf mich, und obwohl er manchmal lächelte, war nichts dahinter.

Roter Bart – Muschnets. Er tippte mit einem Bleistift leise auf dünne Blätter Papier.

Und der Alte. Er saß da wie ein fetter Buddha. Er hieß Tadjensewitsch.

Gestern waren sie reserviert und argwöhnisch gewesen, aber sie konnten sich nicht helfen, sie würden tun müssen, was ich verlangen mochte. Sie hatten keine Wahl; sie waren dem Chef persönlich verantwortlich, und wie konnten sie verschmähen, was ich ihnen geboten hatte? Nein, sie mußten den Köder schlucken. Aber heute malte sich Sorge auf ihren Gesichtern. Die Sorge galt nicht mir; mich kannten sie. Glaubten sie jedenfalls.

»Hallo, hallo, Arakelian«, sagte Kwetschnikow zu mir, obwohl sein Blick den Teppich vor meinem Stuhl studierte. »Haben Sie uns heute mehr zu sagen?«

Ich fragte ohne Erregung: »Was könnte ich noch bringen?«

»Oh«, sagte Kwetschnikow und starrte den alten Mann an, »vielleicht können Sie erklären, was gestern abend in Washington geschehen ist.«

»In Washington?«

»In Washington, ja. Vor einem Senatsausschuß trat ein Mann auf. Er sprach von den Aldebaratniki und auch von der Sowjetunion. Arakelian, sagen Sie uns bitte, wie das möglich ist.«

Der alte Mann flüsterte: »Zeigen Sie ihm das Kabel.«

Der Rotbart sprang auf. Er hörte auf, mit dem Bleistift auf die Blätter zu klopfen, und reichte es mir.

»Lesen!« sagte er mit gefährlicher Stimme, obgleich ich keine Angst hatte. Ich las. Es war ein Diplomatentelegramm, von ihrer Botschaft in Washington, und es enthielt, was alle Zeitungen berichteten – es war kein diplomatisches Geheimnis, es waren Schlagzeilen. Ein gewisser Robert Smith – Pseudonym – eigentliche Identität unbekannt – war vor dem Schnellausschuß erschienen. Er hatte von der sowjetischen Eroberung der Sterne berichtet. Angesichts der Beschränkungen ein bewundernswert exakter Bericht.

Ich faltete das Blatt zusammen und gab es Muschnets zurück.

»Ich habe es gelesen.«

Der Alte: »Sie haben nichts zu sagen?«

»Nur dies.« Ich sprang auf zwei Beine und deutete auf ihn. »Ich hätte nicht gedacht, daß ihr versagt! Wie könnt ihr es wagen, diese Dinge an die Öffentlichkeit dringen zu lassen?«

»Wie –«

»Wie ist diese Waffe aus Ihrem Land gelangt?«

»Waf –«

»Ist das sowjetische Tüchtigkeit?« rief ich laut. »Ist das proletarische Disziplin?«

»Leise, Genosse«, rief er. »Bitte! Wir dürfen nicht die Beherrschung verlieren!«

Ich gab einen angewiderten Laut von mir. Ich machte das sehr gut.

»Ich habe euch gewarnt«, sagte ich leise und sah sie streng und traurig an. »Ich habe euch erklärt, daß die Gefahr besteht, die Kapitalisten könnten sich einmischen. Warum habt ihr nicht auf mich gehört? Warum habt ihr ihren Spionen erlaubt, die Waffe zu stehlen, die ich euch gegeben habe?«

Tadjensewitsch sagte mit gedämpfter Stimme: »Die Waffe ist immer noch hier.«

»Aber diese Meldung –«

»Es muß eine andere Waffe sein, Arakelian. Begreifen Sie? Die Amerikaner müssen mit den Aldebaratniki ebenfalls in Verbindung stehen.«

Es war Zeit für Betroffenheit.

»Sie haben recht«, gab ich zu.

Er seufzte.

»Genosse, der Marschall wird gleich hier sein. Lassen Sie uns das klären.« Ich sah ihn gefaßt an. »Arakelian, beantworten Sie die Frage ganz offen. Wissen Sie, wie dieser Amerikaner sich mit den Aldebaratniki in Verbindung gesetzt haben kann?«

»Woher sollte ich, Gospodin?«

»Das ist keine offene Antwort, aber Antwort genug«, sagte er nachdenklich. »Woher sollten Sie? Sie haben das Hotel nicht verlassen. Und außerdem kommt jetzt der Marschall, ich höre seine Leibwache.«

Wir standen alle auf, sehr förmlich, es war eine Frage der sozialistischen Disziplin.

Und herein kam dieser Mann, der Marshall, der zweihundert Millionen Menschen regierte, eine Zigarette in der Papierspitze rauchend, während seine kleinen Schweinsäuglein hierhin und dorthin und auf mich blickten. Fünf riesige Männer begleiteten ihn, aber sie sagten kein einziges Wort. Er setzte sich brummend; er brauchte nicht laut oder deutlich zu sprechen, aber es war erforderlich, daß die Leute um ihn trotzdem hörten. Es war nicht Taubheit, die Tadjensewitsch veranlaßte, ein Hörgerät zu tragen.

Der alte Mann sprang auf.

»Genosse Parteisekretär«, sagte er, nicht flüsternd, nein, »dieser Mann ist P. P. Arakelian.«

Gebrumm vom Marschall.

»Ja, Genosse Parteisekretär, er ist mit dem Vorschlag zu uns gekommen, daß wir mit Lebewesen auf einem Planeten des Sterns Aldebaran einen Vertrag abschließen. Unsere Astronomen erklären, daß sie seinen Behauptungen nicht widersprechen können. Und das MWD hat seine Verläßlichkeit aus gewissen, vom verstorbenen – äh – Genossen Beria unterschriebenen Dokumenten ermittelt.« Auch das war nicht einfach gewesen und hätte sich kaum bewerkstelligen lassen, wäre Beria nicht tot gewesen.

Ein Brummen des Marschalls. Der alte Tadjensewitsch sah mich erwartungsvoll an.

»Verzeihung?« sagte ich.

Der alte Tadjensewitsch sagte ungeduldig: »Der Marschall will die Bedingungen wissen.«

»Oh.« Ich verbeugte mich. »Es gibt keine Bedingungen. Das sind unweltliche Wesen, Genosse.« Ich meinte das als Witz, aber niemand lachte. »Unweltlich, ja. Sie wollen Freunde sein – mit Ihnen, mit den Amerikanern –, sie kennen den Unterschied nicht. Es kommt nur darauf an, wen sie zuerst sehen.«

Knurren.

»Werden sie einen Vertrag unterzeichnen?« übersetzte Tadjensewitsch.

»Natürlich.«

Brummen. Übersetzung.

»Haben sie Feinde? Im amerikanischen Dokument wird von Wesen gesprochen, die sie vernichten. Wir müssen die Feinde kennen, die unsere neuen Freunde haben.«

»Nur Tiere, Genosse. Wie Ihre sibirischen Wölfe, aber riesig, so groß wie der Blauwal.«

Brummen.

»Der Marschall fragt, ob Sie garantieren können, daß die Lebewesen zuerst zu uns kommen«, sagte Tadjensewitsch.

»Nein. Ich kann nur Vorschläge machen. Ich kann nicht garantieren, daß es keinen Irrtum geben wird.«

»Aber wenn –«

»Wenn«, rief ich, »wenn es einen Irrtum gibt, haben Sie die Rote Armee, ihn auszubügeln!«

Sie sahen mich merkwürdig an. Damit hatten sie nicht gerechnet. Aber sie begriffen nicht.

Ich ließ ihnen keine Zeit.

»Exzellenz, noch etwas«, sagte ich. »Ich habe ein Geschenk für Sie.«

Brummen.

»Ich habe es aufgehoben«, sagte ich hastig. »Entschuldigen Sie. In meiner Tasche.« Ich griff ganz vorsichtig hinein. Die fünf gigantischen Männer sahen mich durchdringend an. Für die erste Vorführung hatte ich eine aldebaranische Handfeuerwaffe vorgelegt, sieben Zentimeter lang, mit der man auf fünfhundert Meter einen Stier töten konnte, aber für diesen Russen hatte ich mehr. »Sehen Sie«, sagte ich und zog es heraus, ein kleines, glitzerndes Ding, aus einem einzigen Diamanten geschnitten, eine zehn Zentimeter lange

Statuette. Oh, ich gab sie nicht gerne her! Es war aber wichtig, daß dieser Mann seinen Argwohn verlor, also gab ich sie einem der großen, stummen Männer, der sie betastete und mit finsterem Gesicht an den Marschall weiterreichte. Es tat mir leid, ja. Es war ein Lieblingsstück, ein herrliches Gebilde, das sie im Wasser unter Aldebarans Strahlen geschaffen hatten; beinahe größer, als ich selbst es hätte machen können. Nein, ich will es ihnen nicht neiden, es war größer, ich hätte es nicht so gut machen können.

Bedauerlich, daß eine so geniale Rasse Beachtung gebraucht hatte; bedauerlich, daß ich dieses Memento weggeben mußte, aber ich mußte eine Wirkung erzielen, und das gelang mir!

Oh, die Menschen halten viel von Diamanten. Der Marschall wirkte überrascht und brummte, einer der stummen, großen Männer griff in seine Tasche und zog etwas Glitzerndes an einem Seidenband heraus. Er hängte es mir um den Hals.

»Held der Arbeit«, sagte er. »Erster Klasse – mit Smaragden. Für Sie.«

»Danke, Marschall«, sagte ich.

Brummen.

»Der Marschall bedankt sich bei Ihnen«, sagte Tadjensewitsch mit hoher, dünner Stimme. »Gewisse Ermittlungen sind nötig. Er wird Sie morgen früh erneut empfangen.«

Das war falsch, aber ich wollte ihn nicht bedrängen. Ich sagte noch einmal: »Danke.«

Ein Brummen vom Marschall. Er blieb stehen und schaute mich an, dann sprach er so laut, daß ich ihn verstand, obwohl er brummte.

»Sagen Sie den Aldebaratniki«, brummte er, »sagen Sie ihnen, daß sie zu uns kommen müssen – wenn ihr Schiff im falschen Land aufsetzen sollte –« Er blieb an der Tür stehen und sah mich durchdringend an. »Ich hoffe es nicht«, sagte er und ging, und sie brachten mich mit der Zis-Limousine zurück zum Hotel Metropol.

3

Das war das, und s-s-s-s-sst war ich wieder verschwunden und hinterließ ein leeres und streng bewachtes Zimmer in dem alten Hotel.

In Paris war es Mittag, ich hatte in Moskau viel Zeit gebraucht. In Paris war es ebenfalls heiß, und langbeinige Mädchen in Miniröcken lächelten uns an, als der grauhaarige kleine Mann mit der Rosette der Ehrenlegion im Knopfloch mich die Champs-Eliysées entlangführte. Die fröhlichen, schlanken Mädchen kümmerten mich nicht im geringsten.

Es war aber nötig, hinzusehen, der Mann erwartete es von mir, und er war der Mann, den ich ausgesucht hatte. In Amerika war ich über den Senatsausschuß tätig, in Rußland durch den Parteisekretär; hier war mein Mann ein Monsieur Duplessin, ein kleiner Tropfen, der den Krug aber zum Überlaufen bringen würde. Er war Mitglied der Deputiertenkammer, gewählt als Gaullist, aber er hatte weitreichende Beziehungen und enormen Einfluß.

Ich hatte eine Akte in die verschlossenen Archive eines Senatsausschusses geschmuggelt und Unterlagen des russischen MWD gefälscht, aber beides war einfacher gewesen, als hier den richtigen Mann zu finden. Aber jetzt hatte ich ihn, und er brachte mich zu bestimmten Personen, die seine Bedeutung kannten, die tun würden, was er wünschte.

»Monsieur«, sagte er ernsthaft, »wir haben noch eine kleine halbe Stunde Zeit. Sollten wir uns nicht einen Aperitif gönnen?«

»Durchaus«, sagte ich fließend und erlaubte ihm, uns einen Tisch unter den Bäumen zu suchen, denn ich wußte, daß er meiner unsicher war; ich mußte ihm Sicherheit verschaffen.

»Ah«, sagte Duplessin seufzend und legte Hut, Mantel und Stock auf einen der verschnörkelten Metallstühle. Er bestellte etwas zu trinken, prostete mir zu und schlürfte.

»Mein Freund«, sagte er schließlich, »erzählen Sie mir von les Aldebaragnards. Wir Franzosen haben Tradition – Freiheit,

Gleichheit, Brüderlichkeit –, wir haben Geist, aber, Monsieur, ich bitte Sie. *Drei* Augen?«

»Sie sind wirklich sehr nett«, erklärte ich ernsthaft, obwohl das vermutlich nicht mehr stimmte.

»Hm.«

»Und sie kennen die Liebe.«

»Ah«, sagte er verträumt. »Die Liebe. Sagen Sie, Monsieur, wie ist das mit der Liebe auf Aldebaran?«

»Sie leben auf einem Planeten«, erklärte ich ein wenig unzutreffend. »Aldebaran heißt der Stern. Aber ich will Ihnen sagen, was Sie wissen wollen, Monsieur Duplessin. Es ist so: Wenn ein junger Triop, denn so nennen sie sich, volljährig wird, schwimmt er weit hinaus aufs Meer, fern von seiner Kristallstadt hinaus ins klare Wasser, wo riesige Fische in den Farben des Regenbogens über ihm schwimmen, das blasse Sonnenlicht färbend, das durch das Wasser und ihre Schuppen dringt. Winzige, leuchtende Fische blitzen wie Sterne.«

»Das klingt sehr schön, Monsieur«, sagte Duplessin höflich.

»Es ist schön. Und der junge Triop schwimmt, bis er – *sie* sieht.«

»Ah, Monsieur.« Er war mehr als höflich, fand ich, er war interessiert.

»Sie sprechen kein Wort, denn das Wasser umgibt sie ganz, und sie tragen Masken, weil sie sonst nicht atmen könnten. Sie können nicht sprechen, nein, und keiner kann die Augen des anderen sehen. Sie nähern sich einander stumm und geheimnisvoll.«

Er seufzte und schlürfte seinen Cassis.

»Sie wissen, obwohl es keinen Weg zu wissen gibt«, sagte ich. »Sie wissen es trotzdem. Sie schwimmen suchend und zärtlich umeinander, zärtlich und traurig. Ja. Traurig – ist die Schönheit nicht auch oft traurig? Ein Augenblick. Dann sind sie eins.«

»Sie sprechen nicht?«

Ich schüttelte den Kopf.

»Niemals?«

»Nie, bis es vorbei ist und sie sich anderswo wieder begegnen.«

»Ah, Monsieur!« Er starrte in sein Glas. »Monsieur«, sagte er, »darf man hoffen – das heißt, ist es möglich – oh, Monsieur! Könnte man bald hingelangen?«

Ich sagte mit meiner ganzen Verschlagenheit: »Alles ist möglich, Monsieur Duplessin, wenn die Triops vor der Vernichtung bewahrt werden können. Bedenken Sie, bitte, was es bedeuten würde, solche Wesen den Rohlingen mit dem Roten Stern zu überlassen – oder den Leuten mit dem Sternenbanner. Wo ist der Unterschied? Es hieße, sie zu zerstören.«

»Niemals, mein Freund, niemals!« rief er aus. »Sie sollen kommen! Sie sollen sich Frankreich anvertrauen! Frankreich wird sie schützen, mein Freund, oder untergehen!«

Danach war alles sehr einfach, ich war eine Stunde nach dem Mittagessen frei, und s-s-s-ssst, gewiß.

Mein Raumschiff setzte mich in dieser Wüste ab, Mojave, glaube ich, heißt sie. Oder beinahe Mojave, in ihrem Amerikanismus. Ja. Sie lag in Amerika, denn welcher Ort wäre sonst geeignet gewesen? Ich hatte viel erreicht, aber es galt da und dort noch eine Verschönerung anzubringen, bevor ich sagen konnte, mein Werk sei getan.

Ich schaute mich um, alles war gut, niemand zu sehen. In der Ferne heulten Düsenflugzeuge, aber das bedeutete nichts. Was wußten sie von einem Mann auf dem Sand, fünf Meilen unter ihnen? Ich arbeitete.

Fünf Gänge, um das Erforderliche zu meinem größeren Schiff zu tragen. Und wo war das? Ah. In Sicherheit. Es umkreiste den Mars – ja, durchaus in Sicherheit. Astronomen mochten es eines Tages entdecken, aber an dem Tag würde es keine Rolle mehr spielen, nein. Nicht die geringste.

Da noch Zeit blieb, nahm ich vor dem ersten Gang meine Form an und aß, es war sehr erholsam. Sieben nützliche Arme und genügend Beine, es wurde einfach; schnell trug ich eine Tonne Material von meiner Lehnsesselfähre zu dem kleinen Unterschlupf, wo ich mein kosmetisches Gerät gebaut hatte. Unterschlupf? Warum ein

Unterschlupf, werden Sie fragen. Oh, aus künstlerischen Gründen, sage ich, und wegen der geringen Möglichkeit, daß ein niedrig fliegendes Flugzeug erscheinen könnte, obwohl damit nicht zu rechnen war. Augenblick, sagte ich, mal nachdenken, Uran und Stahl, Strontium und Kobalt, eine Spur Natrium für das Gelb, habe ich alles? Ja. Ich habe alles, sagte ich, alles, und ich baute die kosmetische Bombe zusammen und stellte den Zünder ein. Lebwohl, Bombe, sagte ich zärtlich, und s-s-s-sst, Lehnstuhl und Plinglot waren wieder auf meinem um den Mars kreisenden Schiff. Fast fertig, fast fertig!

Dort stellte ich schnell die erforderlichen Daten für die aldebaranische Rakete zusammen, meine letzte Aufgabe.

So. Diese Aufgabe war nicht schwierig, nein, aber sie verlangte Konzentration. Ich hatte ein Raumschiff. Keine Nachahmung! Es war ein authentisches Raketenschiff der Aldebaranier, konstruiert, um zu ihren sechs Monden zu fliegen, mit Spezialklappen für den Unterwasserstart. Ja, es war echt. Ich hatte es absichtlich so weit mitgenommen.

Nun tat ich, was ich tun mußte, nämlich einen Kurs für das kleine Schiff zu bestimmen. Es gab keine Besatzung. Nirgends. Der Kurs war leicht zu berechnen, ich machte das sehr gut, aber ich mußte Instrumente einstellen, die Steuerung automatisieren – oh, das nahm Zeit in Anspruch –, aber ich schaffte es. Das war meine Art, ich bin fleißig, man frage Mutter. Die Menschheit würde ein authentisches Raumschiff der Aldebaranier nicht von einer Ceti-Makrele unterscheiden können, aber vielleicht doch, hm? Die Aldebaranier hatten freundlicherweise Raketen entwickelt, und es war keine Mühe gewesen, sie mitzubringen. Ich machte das. Nachdem ich mit allem fertig war, schaute ich mich zufrieden um.

Aber ich war nicht allein.

Das war nicht angenehm, es bedeutete Ärger.

Ich begriff sofort, was mein wenn auch unsichtbarer Begleiter sein mußte, daß er kein Mensch sein konnte. Aldebaranier. Nichts anderes.

Ich stand völlig regungslos da und schaute, schaute. Da Sie mit einer an Sicherheit grenzenden Wahrscheinlichkeit nie das Innere einer aldebaranischen Rakete gesehen haben, will ich es beschreiben: grünes Metall in Kreuzform – ›Stühle‹, funkelnde Mosaiks aus farbigen Lichtern – ›Karten‹, Legierungen in gewundenen Formen – ›Instrumente‹. Alles ohne Bewegung. Aber etwas bewegte sich. Ich sah es! Ein Aldebaranier! Ein Triop, ein dreißig Zentimeter hohes Männchen, das aus drei entsetzten blauen Augen zu mir aufblickte; ja, ich hatte das Schiff mitgebracht, aber nicht leer, eines der Wesen hatte sich an Bord geschlichen. Und da stand es.

Ich stürzte mich darauf. Es sah zu mir auf und quietschte: »Warum? Warum, Plinglot, warum hast du mein Volk umgebracht?«

Es ist so ärgerlich, wegen jeder Kleinigkeit zur Rechenschaft gezogen zu werden. Aber ich ließ mir nichts anmerken.

Ich sagte mit gemäßigter Verschlagenheit: »Steh still, kleines Wesen, und laß dich fangen. Warum bist du nicht tot?«

Es quietschte rührend – nicht auf Englisch, gewiß nicht! aber ich bin nicht kleinlich –, es quietschte: »Plinglot, du bist als Freund aus dem Weltraum auf unseren Planeten gekommen, als einer, der unserem Volk helfen wollte, die großen, mörderischen Landtiere zu töten.«

»Das erschien mir angemessen«, gab ich zu.

»Wir haben dir geglaubt, Plinglot! Alle unsere Nationen haben dir geglaubt. Aber du hast Zwietracht gesät. Du hast uns gegeneinander aufgehetzt, so daß keine Nation der anderen mehr traute. Wir hatten den Krieg seit über hundert Jahren abgeschafft, Plinglot, denn wir wagten keinen Krieg mehr zu führen.«

»Das ist wahr«, räumte ich ein.

»Aber du hast uns getäuscht! Der Krieg kam, Plinglot! Und durch dich. Als dieses Schiff von seinem Standplatz geholt wurde, während nur ich an Bord war, empfing ich Funkmeldungen, wonach ein großer Krieg ausbreche und die Meere kochen würden. Das ist die Untergangswaffe, Plinglot! Jetzt ist mein Planet trokken und tot. Warum hast du das getan?«

»Kleiner Triop«, dozierte ich, »hör mir zu. Du bist männlich, nehme ich an, und du mußt wissen, daß keine Aldebaranierin am Leben geblieben ist. Nun gut. Du bist der letzte deiner Rasse. Es gibt keine Zukunft. Du könntest ebensogut tot sein.«

»Ich weiß«, schluchzte er.

»Und deshalb solltest du dich umbringen. Prüfe meine Logik mit Hilfe deines Computers, wenn du willst. Aber bitte bring die Kursberechnungen nicht durcheinander, die ich einprogrammiert habe.«

»Es ist nicht notwendig, Plinglot«, sagte er traurig. »Du hast recht.«

»Also bring dich um!« schrie ich.

Das kleine Wesen wollte nicht, nein, wie dumm.

»Ich will nicht, Plinglot«, sagte es bedauernd. »Aber ich werde deinen Kurs nicht stören.«

Nun, es war verdammt anständig von ihm, wie man so sagt, denn der Kurs war für mich sehr wichtig; von ihm hing der Erfolg meiner jetzigen Mission ab, nämlich die Erde zu vernichten, wie ich es mit seinem Planeten gemacht hatte. Ich versuchte ihm das mit Dankesworten zu erklären, aber er wollte mich nicht verstehen, nein.

»Erde?« quietschte er schwach, und ich unternahm den Versuch, ihm das begreiflich zu machen. Ja, die Erde, der so weit entfernte Planet, besaß auch eine Bevölkerung, die schnell wuchs, die wild und klug war; auch sie stand kurz vor der Weltraumfahrt. Oh, es war gefährlich, aber das wollte er nicht begreifen, obwohl ich es ihm erklärte und ich Plinglot bin. Ich kann keine Rivalen im Weltraum dulden, es ist meine mir zugeteilte Aufgabe, von der großen Mutter übergeben. Tja. Ich erschreckte ihn, das war alles, was ich vermochte.

Nachdem ich ihn, hilflos wie er war, in eine Zelle seines eigenen Schiffs eingesperrt hatte, prüfte ich die Zeit.

Sie flog dahin. Ich ließ mich in meinen Lehnsessel sinken; s-s-s-sst; wieder im Zimmer des Hotels Mayflower in Washington, USA.

Alles schritt fort, alles war bereit. Ich öffnete die Tür und tat so, als sei ich eben wach geworden. Ein Zimmermädchen, das Bilder abstaubte, drehte sich um, sagte: »Guten Morgen, Sir«, sah mich an und – oh! – schrie auf. Schrie gräßlich.

Unvorsichtiger Plinglot! Ich hatte vergessen, wieder menschliche Form anzunehmen.

Zum Glück fiel sie in Ohnmacht. Ich verwandelte mich schnell in einen Menschen und fand einen Strick. Es dauerte sehr lange, und die Zeit verstrich, während die Rakete sich beeilte, vierzig Millionen Meilen zurückzulegen; sie würde bald dort eintreffen, wo ich sie hingeschickt hatte. Ich strengte mich an. Mühsam zwang ich mich dazu, obwohl jeder auf Tau Ceti weiß, wie schwer das für mich ist; ich fesselte sie; ich zwängte einen Kissenbezug, oder einen Zipfel davon, in ihren Mund, damit sie nicht schreien konnte, und ich sperrte sie sogar in einen Schrank. Oh, es war mühsam. Fragen? Schwierigkeit? Gefahr? Ja. Es galt, sie alle zu bedenken, aber ich hatte keine Zeit dazu. Die Zeit verstrich, ich sagte es bereits, und sie verstrich für mich.

Es war nur eine vorübergehende Lösung. Früher oder später würde man sie finden. Natürlich. Darauf kam es nicht an. Bald würde es keine Zeit mehr geben, denn die Zeit würde für Zimmermädchen, Duplessin, Senatoren und das MWD aufhören, und was dann?

Dann würde Plinglot diese seine Mission abgeschlossen haben, und die Zweiäugigen würden sich zu den Dreiäugigen gesellen. Ade.

4

Senator Schnell erwartete mich diesmal am Randstein, umringt von Journalisten.

»Mr. Smith«, rief er, »wie schön, Sie zu sehen. Also, bitte, meine Herren! Mr. Shmith ist ein vielbeschäftigter Mann. Na ja, meinetwegen, eine Aufnahme oder auch zwei.« Und er tat so, als wolle er die Fotoreporter verscheuchen, während er sich ganz fest an mich klammerte. »Schreckliche Kerle«, flüsterte er mir aus der Goldzahnecke seines Mundes zu, lächelnd, lächelnd, »wie sie mich immer belästigen!«

»Es tut mir leid, Senator«, sagte ich höflich und erlaubte ihm, mich durch das Zucken der Blitzlicher in den großen Sitzungssaal zu führen.

Mr. Hagsworth: Mr. Smith, gestern haben Sie erklärt, daß Rußland den fremden Lebewesen von Aldebaran Angebote mache. Ich möchte nun Ihre Aufmerksamkeit auf etwas lenken. Haben Sie die heutigen Morgenzeitungen gesehen?

A.: Nein.

F.: Dann möchte ich Ihnen einen Auszug aus Pierce Trumans Kolumne vorlesen, die mir eben zur Kenntnis gebracht wurde. Da heißt es: ›Nach der gestrigen sensationellen Er-‹

Senator Loveless: Entschuldigen Sie, Mr. Hagsworth.

Mr. Hagsworth: ›-öffnung‹ – Ja, Senator?

Senator Loveless: Ich möchte nur wissen oder fragen, ob dieses Dokument – das heißt, die Zeitung, die Sie in der Hand halten – Beweismaterial ist. Ein Beweisstück, meine ich. Wenn ja, dann stelle ich die Frage, oder mache vielmehr den Vorschlag, sie zu kennzeichnen und ordnungsgemäß einzuführen.

Mr. Hagsworth: Tja, Senator, ich –

Senator Loveless: Als Beweisstück, meine ich.

Mr. Hagsworth: Ja, als Beweisstück. Ich –

Senator Loveless: Entschuldigen Sie die Unterbrechung. Es erschien mir wichtig – verfahrenstechnisch, meine ich.

Mr. Hagsworth: Gewiß, Senator. Tja, Senator, ich hatte eigentlich vor, den Artikel nur vorzulesen, damit uns Mr. Smith seine Ansichten mitteilen kann.

Senator Loveless: Vielen Dank für diese Erläuterung, Mr. Hagsworth. Ich finde trotzdem, jedenfalls im Augenblick, daß die Zeitung gekennzeichnet und eingeführt werden sollte.

Der Vorsitzende: Senator, nach meiner Meinung –

Senator Loveless: Als Beweisstück, meine ich.

Der Vorsitzende: Vielen Dank für diese Klarstellung, Senator. Nach meiner Ansicht ist der Artikel selbst, da Mr. Hagsworth nur Mr. Smiths Ansicht hören möchte, kein Beweismaterial, sondern lediglich ein Zusatz zur Befragung. Jedenfalls ist das, offen gesagt, meine Meinung, Senator. Ich möchte dem Ausschuß aber keineswegs meinen Willen aufzwingen. Ich hoffe, das ist Ihnen allen klar.

Mr. Hagsworth: Gewiß, Sir.

Senator Loveless: Oh, niemand von uns vertritt die Meinung oder hat den Verdacht, daß Sie eine solche Absicht haben oder einen derartigen Einfluß ausüben wollen, Senator Schnell.

Senator Duffy: Natürlich nicht.

Senator Fly: Nein, gewiß nicht . . .

Oh, die Zeit, die Zeit! Ich schaute auf die Wanduhr, und die Zeit verfloß, ich wollte nicht hier sein, wenn es losging. Natürlich nicht. Zehn Uhr. Halb elf. Fünf Minuten vor elf Uhr. Dann wurde endlich die Kolumne dieses Mr. Pierce Truman gekennzeichnet und eingeführt und zu Protokoll genommen, nach höflichen Einwänden und höflichem Nachgeben von Senator Schnell, und in dieser Weise zu einem unverrückbaren, permanenten, unzerstörbaren Bestandteil der Unterlagen dieses verrückbaren, zeitweiligen, bald zu vernichtenden Ausschusses gemacht. Oh, was für eine Komödie! Aber sie würde nicht zum Lachen sein, wenn ich hier zu lange herumtrödelte.

Irgendwie, irgendwann bekam Mr. Hagsworth endlich die Erlaubnis, seine Kolumne vorzulesen, und sie lautete so:

*

Nach der gestrigen sensationellen Eröffnung vor dem Schnellausschuß wurden hinter den Kulissen Washingtons Wetten angeboten, daß nichts die seltsame Geschichte des geheimnisvollen Mr. Smith über Wesen aus dem Weltraum überbieten könne. Das Gegenteil könnte schon in Kürze der Fall sein. Hier sind zwei Fragen für Sie, Senator Schnell. Was hatten drei Militärattachés der Sowjetunion bei den Vereinten Nationen gestern abend im Hayden-Planetarium bei einer Sondervorführung zu suchen? Und was steckt hinter den aus Bulgarien zum CIA gelangenden Nachrichten über eine für morgen vorgesehene große Parade auf dem Roten Platz in Moskau zur Begrüßung ›außergewöhnlicher und ganz besonderer‹ hochgestellter Persönlichkeiten?

Erschöpft durch diese Anstrengung vertagte sich der Ausschuß für zwanzig Minuten. Ich starrte finster auf die Uhr. Die Zeit, die Zeit!

Mr. Hagsworth hatte Zeit genug, glaubte er, er machte sich keine Sorgen. Er stellte mich vor der Toilette.

»Zigarette?« sagte er freundlich und hielt mir eine Packung Zigaretten hin.

Ich sagte danke, ich rauche nicht.

»Wollen Sie etwas trinken?«

Ich trinke nicht, erklärte ich ihm.

»Oder –?« Er wies auf den gefliesten Nebenraum mit den verchromten Rohren; das mache ich auch nicht, aber ich konnte es ihm nicht sagen und schüttelte nur den Kopf.

»Tja, Mr. Smith«, sagte er, »Sie sind ein guter Zeuge. Es tut mir leid, daß ich Ihnen die Kolumne so unvorbereitet serviert habe. Es blieb mir nichts anderes übrig.«

»Macht nichts«, sagte ich.

»Sie sind wirklich in Ordnung, Smith. Wissen Sie, einer der Reporter überreichte mir die Zeitung, als wir den Sitzungssaal betraten.«

»Schon gut«, sagte ich, damit man mich für großzügig hielt.

»Na ja, ich mußte sie zu Protokoll nehmen. Was ist eigentlich los, hm?«

Die Zeit, die Zeit! Ich sagte gequält: »Mr. Hagsworth, ich habe ausgesagt, daß auch die Russen das Schiff von Aldebaran haben wollen. Und es nähert sich. Es wird bald landen.«

»Gut«, sagte er lächelnd und rieb sich die Hände, »sehr gut! Und Sie bringen sie zu uns?«

»Ich werde tun, was ich kann«, sagte ich doppeldeutig, aber er war's zufrieden, und die Pause war vorbei.

Mr. Hagsworth: Mr. Smith, ist es richtig, daß Sie Kenntnisse über die vorgesehenen Manöver der Besucher von Aldebaran haben?

A.: Ja.

F.: Können Sie uns sagen, was Sie wissen?

A.: Ja. Gewiß. Zur Zeit nähert sich ein aldebaranisches Schiff der Erde. Durch gewisse Kommunikationswege, die ich in einer öffentlichen Sitzung nicht beschreiben kann, sind den Aldebaraniern im Namen dieses Landes gewisse Vorschläge gemacht worden.

F.: Und ihre Reaktion auf diese Vorschläge, Mr. Smith?

A.: Sie haben sich bereit erklärt, zu Verhandlungen in den Vereinigten Staaten zu landen.

Oh, welch glücklicher Aufschrei, die Narren. Die Blitzlichter flammten ununterbrochen. Nur die Uhr lief und lief, und ich machte mir Sorgen, wo war das Schiff? Waren vierzig lausige Millionen Meilen so viel? Aber nein, es war nicht viel, und als der Bote hereinstürzte, wußte ich, daß es Zeit war. Zuerst ein Bote. Er rannte wild zwischen den Sitzen herum und schaute sich um, dann blieb er vor dem Platz stehen, wo Pierce Truman saß und mich mit einem Schlangenblick anstarrte, blieb stehen und flüsterte. Dann noch ein paar Leute, Fremde, ohne Hut, mit fliegenden Haaren, kamen herein, stürzten zum Ausschuß, zu den Journalisten – die Nachricht war bekannt.

»Herr Vorsitzender! Herr Vorsitzender!« Es war Senator Loveless; er schrie.

Jemand hatte ihm ins Ohr geflüstert, und er konnte es nicht erwarten, die Nachricht zu verbreiten. Aber alle wußten Bescheid, für den Vorsitzenden war es nichts Neues, er hatte schon einen Zettel in der Hand.

Er stand auf und starrte blindlings in die Fernsehkameras, ohne Lächeln jetzt, ohne blitzenden Goldzahn.

»Meine Herren, ich –«, sagte er und verstummte kurz, um Atem zu holen und den Kopf zu schütteln. »Meine Herren«, sagte er, »meine Herren, ich habe hier eine Meldung.« Er starrte ungläubig auf den Zettel. Im Saal wurde es rasch still. Sogar Senator Loveless und Pierce Truman blieben an der Tür stehen, um zuzuhören. »Diese Meldung stammt vom Marine-Observatorium Arlington«, sagte er, »in meinem Heimatstaat, meine Herren, im alten Dominion Virginia –«

Er machte eine Pause und schüttelte sich, ja, und zwang sich, wieder auf den Zettel zu blicken. »Vom Marine-Observatorium in Arlington, wo uns die Radioteleskop-Experten mitteilen, daß ein Objekt unbekannter Herkunft und von bemerkenswerter Geschwindigkeit vom Weltraum aus in die Erdatmosphäre eingetreten ist!«

Ausrufe. Seufzer. Schreie. Aber er brachte sie zum Verstummen, ja, mit einer Handbewegung.

»Aber, meine Herren, das ist noch nicht alles! Arlington hat dieses Objekt verfolgt, und es ist gelandet. Nicht in unserem Land, meine Herren! Auch nicht in Rußland! Sondern« – er wedelte mit dem Zettel – »in Afrika, meine Herren! In der Wüste von Algerien!«

Oh, großer Aufruhr, aber freudlos.

»Verrat!« schrie jemand, und ich zeigte Erstaunen. Vertagt, krachte der Hammer des Vorsitzenden, und gerade zur rechten Zeit; die Uhr zeigte beinahe zwölf, und meine kosmetische Bombe war auf ein Uhr fünfzehn eingestellt. Oh, ich hatte knapp gerechnet. Aber nun bestand Gefahr, und ich mußte fort, was mir mühsam gelang. Aber ich konnte Mr. Hagsworth nicht abschütteln, der mit mir im Taxi zum Hotel fuhr und redete und redete. Ich hörte nicht zu.

5

So war das nun, eine Allegorie oder Parabel. Man stelle eine chemische Verbindung her, nicht wahr? Man nehme Wasserstoff und Sauerstoff – sehr rein, in beiden Fällen –, vermische sie und entzünde einen Funken. Nichts geschieht. Es brennt nicht!

Aber fügt man etwas hinzu, dann brennen sie, ja. Man lasse den Funken beispielsweise ein gewöhnliches Streichholz sein, so winzig, daß man es kaum sieht, ein Vierteltröpfchen Wasser mit der Substanz vereinigt – Ja, mit dem Wasser brennen sie – mehr als brennen – wumm! Wasserstoff und Sauerstoff vereinigen sich gewaltsam. Wasser ist der Katalysator, der das erzeugt.

Gleichermaßen, so dachte ich, ohne auf das Geplapper von Mr. Hagsworth zu hören, ist es ein Katalysator, der auf der Erde gebraucht wird, und diesen Katalysator habe ich erzeugt, meine kosmetische Bombe. Die Chemikalien dampften hübsch zusammen. In Rußland gärte Verdacht, in Amerika Angst, in Frankreich Eifersucht. Jetzt war man mehr als nervös! Ich spürte, wie sich die Spannung steigerte; sogar der Taxifahrer war beeinflußt; er achtete halb auf die überfüllten Straßen, halb auf die hysterischen Worte aus seinem Radiogerät. Zum Hotel Mayflower, eilig. Und indessen geriet die ganze Stadt in Erregung. Das war der Gärstoff, und nach meiner Uhr war der Katalysator sehr nah.

»Warten Sie«, sagte Mr. Hagsworth in der Hotelhalle flehend, »trinken Sie ein Glas mit mir, Smith.«

»Ich trinke nicht.«

»Das hatte ich vergessen«, entschuldigte er sich. »Nun, wollen Sie sich ein bißchen mit mir in die Bar setzen? Ich möchte mit Ihnen sprechen. Das geht alles viel zu schnell.«

»Kommen Sie mit auf mein Zimmer«, sagte ich. Ich wollte ihn nicht dabei haben, aber was für Schaden konnte er schon anrichten? Und ich wollte nicht von meinem purpurroten Lehnstuhl entfernt sein, wirklich nicht.

Also fahren wir hinauf, und es bleibt noch Zeit, ich bin froh. Der Lift hätte steckenbleiben, die Tür verklemmt gewesen sein können, ich hätte aus Versehen das falsche Stockwerk erwischen können – nein, alles war in Ordnung. Wir waren da, und es blieb Zeit.

Ich entschuldigte mich einen Augenblick – obwohl es auch für immer hätte sein können – und betrat das Nebenzimmer der Suite. Ja, er stand da und war bereit. Purpurrot hockte er da, und kein Mensch wäre auf den Gedanken gekommen, er könnte etwas anderes sein als eben ein Lehnstuhl, aber er war viel mehr, und wenn ich es wünschte, konnte ich hingehen, s-s-s-sst, würde ich verschwunden sein.

Ein Mann begann zu sprechen.

Ich drehte mich um. Durch die Tür zum gefliesten Raum sprach ein Mann zu mir, lächelnd, mit rotem Gesicht, im blauen Overall. Nun. Einen Augenblick lang erschrak ich. Ich erinnerte mich an das, was ich in den Schrank gesperrt hatte. Aber das Gesicht des Mannes zeigte nur ein Lächeln, und er sagte entschuldigend: »Oh, hallo, Sir. Verzeihen Sie. Wir hatten eine Beschwerde von der Etage unter Ihnen, daß Wasser durchtropft. Ich habe es schon fast fertig repariert.«

Na ja, schon gut. Ich zuckte die Achseln und kehrte zu Mr. Hagsworth zurück. In meinen Gedanken war – tja, ich weiß nicht, was in meinen Gedanken gewesen war. Vielleicht s-s-s-sst zum ›George V‹ und Duplessin anrufen, um sicherzustellen, daß mit der algerischen Regierung vereinbart wurde, keine Amerikaner oder Russen an das Schiff heranzulassen, nein, auch dann nicht, wenn ihm die Botschafter das Leben zur Hölle machten. Vielleicht ins Metropol, um Tadjensewitsch anzurufen – nicht den Marschall, am Telefon würde er nicht mit mir sprechen – und ihn anzustacheln. Vielleicht noch weiter, ja.

Aber ich ging zu Mr. Hagsworth zurück. Es war nicht nötig, wirklich nicht. Es war nur Rückversicherung, für den Fall, daß meine sorgfältig entworfenen Pläne schiefgingen, wollte ich bis zum Ende da sein. Oder fast bis zum Ende. Aber ich hätte es nicht zu tun brauchen.

Aber ich tat es. S-s-s-sst, und ich hätte fort sein können, aber ich blieb, dummerweise, ich blieb.

Mr. Hagsworth war am Telefon, mit funkelnden, zornigen Augen, ich glaubte zu wissen, was er hörte. Ich lauschte, um zu hören, ob vielleicht gedämpfte Schreie aus dem Schrank drangen, aber nein, ich hatte sie gut gefesselt, so schwer es mir auch gefallen war. Und dann hob Mr. Hagsworth den Kopf.

Er sagte dumpf: »Ich habe Neuigkeiten, Smith. Es hat angefangen.«

»Angefangen?«

»Oh«, sagte er ohne Geduld, »Sie wissen, wovon ich rede, Smith. Der Ärger hat angefangen. Ihre Aldebaranier haben in ein Hornissennest gestochen, und jetzt geht es los. Ich habe eben mit dem Weißen Haus gesprochen. In der Mojave-Wüste hat es ganz eindeutig eine Atomexplosion gegeben.«

»Nein!«

»Doch«, sagte er. »Es gibt keinen Zweifel. Es kann nichts anderes sein als eine russische Rakete, auch wenn sie arg schlecht zielen. Oder?«

»Was denn sonst?« fragte ich voll Logik. »Wie entsetzlich! Und Sie haben sicher zum Gegenschlag ausgeholt, wie? Einen Schwarm von Raketen nach Moskau geschickt?«

»Gewiß. Was blieb uns anderes übrig?«

Er hatte den wunden Punkt getroffen, ja, er hatte recht. Ich hatte das selbst berechnet.

»Nichts«, sagte ich und drückte seine Hand. »Möge das beste Land gewinnen.«

»Oder der beste Planet«, meinte er nickend.

»Planet?« Ich ließ seine Hand los. Ich sah ihn an. Ich wartete. Es war eine Zeit für Verwunderung, ich sagte nichts.

Mr. Hagsworth antwortete ganz langsam: »Smith, oder vielleicht sollte ich sagen, Plinglot, darüber wollte ich mit Ihnen sprechen.«

»Reden Sie«, forderte ich ihn auf.

Draußen erhob sich plötzlich Geschrei.

»Sie haben von der Bombe gehört«, riet Mr. Hagsworth, aber er achtete nicht weiter darauf. Er sagte: »In der Schule kannte ich einen dicken Jungen, Plinglot.« Er sagte: »Er bekam stets, was er wollte. Alle fürchteten ihn. Aber er kämpfte nie, er säte nur Zwietracht unter den anderen, verstehen Sie, und brachte sie dazu, miteinander zu kämpfen.«

Ich stand hoch aufgerichtet – ja, und tapfer! Ich wage es, das Wort ›tapfer‹ zu gebrauchen; es paßt. Man möchte meinen, es sehe einem Menschen ähnlich, zu behaupten, er sei tapfer vor einer geblendeten, flatternden Motte, ›tapfer‹, wo es keine Gefahr gibt; aber obwohl dies nur ein Mensch war, spürte ich Gefahr in diesem Raum. Unglaublich, aber so war es, und es gefiel mir nicht.

»Wovon sprechen Sie, Mr. Hagsworth?« fragte ich.

»Von einer Idee, die mir gekommen ist«, sagte er leise, mit einem Gesicht wie der Tod. »Von einem Mörder. Vielleicht kommt er von einem anderen Planeten, aus eigenen Gründen, vielleicht will er unseren Planeten vernichten. Vielleicht ist dies nicht der erste – er könnte zum Beispiel bei Aldebaran haltgemacht haben.«

»Ich will das nicht hören«, sagte ich wahrheitsgemäß.

Aber er sprach weiter, er sagte: »Wir Menschen haben Fehler, Plinglot, und ein Außenstehender mit Gehirn und besonderen Kenntnissen – sagen wir, von der Art, wie man eine Akte in unsere

Archive schmuggeln könnte, trotz aller unserer Vorsichtsmaßnahmen –, ein solcher Außenstehender könnte unsere Fehler dazu ausnutzen, uns zu vernichten. Senatsausschußsitzungen – nun ja, manche sind seit vielen Jahren ein Witz, und kein sehr komischer. Persönlichkeiten wurden gedemütigt, politische Bemühungen zerstört – warum sollte nicht auch ein Krieg ausgelöst werden? Weil man sich darauf verlassen kann, daß sich Politiker auf eine ganz bestimmte Weise verhalten. Und vielleicht wußte dieser Außenstehende, nachdem er uns beobachtet und studiert hatte, auch von russischen Schwächen und nutzte sie auf dieselbe Weise aus. Sehen Sie, wie einfach das wäre?«

»Einfach?« rief ich beleidigt.

»Für jemand mit ganz besonderen Talenten und Fähigkeiten«, versicherte er mir. »Für einen dicken Jungen. Vor allem für einen dicken Jungen, der schneller als ein Mensch von hier nach Moskau, von Moskau nach Paris, von Paris in die Mojave-Wüste, von dort – wohin? gelangen kann. Irgendwo in die Nähe des Mars, sagen wir einmal. Wäre es für eine solche Person nicht einfach, Plinglot?«

Ich wankte, ich wankte, aber diese Tricks konnten nicht ins Gewicht fallen. Dafür hatte ich zu sorgfältig geplant, nur – woher wußten sie Bescheid?

»Entschuldigen Sie mich einen Augenblick«, sagte ich leise und wandte mich wieder zum Zimmer mit dem Lehnstuhl. Ich spürte, daß ich einen Fehler gemacht hatte. Aber was für eine Rolle konnte das spielen, dachte ich, wenn dort der Lehnstuhl stand, und mit ihm s-s-s-sst.

Aber das war auch ein Irrtum.

Der Mann im blauen Overall stand unter der Tür, aber er lächelte nicht mehr, er hielt etwas in der Hand, wovon ich instinktiv wußte, daß es eine Pistole war.

Der Lehnstuhl war da, ja, aber in ihm saß ausgerechnet dieses Zimmermädchen, das eigentlich gefesselt im Schrank liegen sollte, und auch sie hatte eine Waffe.

»Miss Gonzalez«, stellte Hagsworth höflich vor, »und Mr. Hechtmeyer. Sie sind – nun ja, FBI-Agenten. Sie konnte uns etwas Merkwürdiges über Sie erzählen, unsere Miss Gonzalez, als Mr. Hechtmeyer sie befreite. Sie sagte, Sie schienen eine andere Form gehabt zu haben, als sie Sie zuletzt sah. Die Form eines grünhäutigen Kraken mit grellroten Augen. Lächerlich, nicht wahr? Oder doch nicht, Plinglot?«

Mit der List war es vorbei, es war Zeit für Offenheit. Ich sagte – ich sagte: »Etwa so?« mit furchtbarer Stimme und verwandelte mich in meine natürliche Gestalt.

Oh, welch weiße Gesichter. Oh, welches Entsetzen! Es war wirklich erstaunlich, daß sie sich nicht umdrehten und flohen. Denn das ist die Geheimwaffe Nummer eins, für uns auf Tau Ceti, die wir sanitäre Arbeiten leisten; für unsere Arbeitskleidung wählen wir die Gestalt der Wesen um uns herum, gewiß, aber bei Gefahr brauchen wir nur wieder unsere eigene anzunehmen. In der ganzen Galaxis – bei Andromeda weiß ich nicht Bescheid – gibt es keine so furchtbare Erscheinung. Neun gräßliche Arme. Vierzehn durchbohrende scharlachrote Augen. Zähne wie Bajonette. Ich frage Sie, würden Sie nicht die Flucht ergreifen?

Aber sie taten es nicht. Draußen begann eine Sirene zu heulen.

6

Ich schrie: »Luftangriff!« Es war erschreckend, die Sirene warnte vor Atomsprengköpfen, die unterwegs waren, und diese Menschenfrau, diese Gonzalez, saß in meinem Stuhl und richtete die Waffe auf mich. »Verschwindet«, rief ich, »haut ab«, und stürzte auf sie zu, aber sie rührte sich nicht. »Bitte!« sagte ich gepreßt zwischen meinen langen Zähnen, aber was hatte es für einen Zweck, sie wollten nicht!

Sie erblaßten, sie zitterten, aber sie blieben; nun, ich wäre selbst blaß geworden und hätte gezittert, wäre das auf Tau Ceti üblich gewesen; statt dessen erschlaffte ich nur. Der Schrecken war in diesem Zimmer nicht nur auf einer Seite, ich gestehe es. »Bitte«, flehte ich, »ich muß gehen, das Leben auf diesem Planeten endet, und ich will nicht dabei sein!«

»Sie haben keine Wahl«, sagte Mr. Hagsworth mit einem Gesicht wie aus Stahl. »Kommen Sie herein, meine Herren!« rief er. Und durch die Tür kamen mehrere Personen, manche Soldaten, manche Zivilisten. Ich schaute mit allen Augen; ich hätte nicht erstaunter sein können. Denn da war – ja, Senator Schnell, den Goldzahn verborgen, das Gesicht ohne Lächeln; Senator Loveless mit wehendem Haar; und – oh, noch viele.

Ich konnte es kaum glauben.

Schwache, langsame Menschen! Sie besaßen nur Atmosphärenflugzeuge, zum größten Teil, aber hier, achttausend Meilen von dort entfernt, wo er noch vor achtzehn Stunden gewesen war, ja, Genosse Tadjensewitsch, der alte Mann; und Monsieur Duplessin, der meinen Blick traurig erwiderte. Es konnte nicht sein, beinahe vergaß ich die heulende Sirene und die Angst.

»Diese Herren«, sagte Hagsworth höflich, »möchten ebenfalls mit Ihnen sprechen, Mr. Smith.«

»Arakelian«, brummte der alte Mann.

»Monsieur Laplant«, verbesserte Duplessin.

»Oder sollen wir Sie alle mit Ihrem richtigen Namen anreden – mit Plinglot?« sagte Hagsworth.

Draußen heulte die Sirene, ich konnte mich nicht bewegen.

Senator Schnell ergriff das Wort.

»Mr. Smith«, sagte er, »oder soll ich sagen, Plinglot, wir wünschen eine Erklärung. Oder eine Rechtfertigung.«

»Bitte, lassen Sie mich gehen!« rief ich.

»Wohin?« fragte der alte Tadjensewitsch. »Zum Mars, Held der Arbeit? Oder diesmal weiter?«

»Die Bomben«, rief ich. »Laßt mich gehen! Was ist mit dem Helden der Arbeit?«

Der alte Mann seufzte.

»Die Auszeichnung, die Ihnen der Genosse Parteisekretär verliehen hat, enthält einen Mikrosender, sehr leistungsstark. Einer von unseren Sputniki braucht jetzt neue Ersatzteile.«

»Ihr habt mich verdächtigt?« rief ich voll Angst und Erstaunen.

»Natürlich haben die Russen Sie verdächtigt, Plinglot«, sagte Hagsworth mit ruhiger Mißbilligung. »Wir alle, sogar wir Amerikaner – und wir sind keine argwöhnischen Menschen, müssen Sie wissen. Nein«, fügte er nachdenklich hinzu, als würden keine Bomben fallen, »unsere nationalen Eigenarten sind – welche? Die üblichen Karikaturen – Publicitysucht, der engstirnige Senator, der halsabschneiderische Geschäftsmann? Würden Sie sagen, daß das ein richtiges Bild ist, Mr. Smith?«

»Ich Plinglot!«

»Ja, gewiß. Verzeihung. Aber das müssen Sie gedacht haben, denn nach diesen Stereotypen haben Sie sich gerichtet, und vielleicht stimmen sie sogar – meistens. Zu oft. Aber nicht immer, Plinglot!«

Ich stürzte zu Boden, einen gräßlichen Geruch ausschwitzend, so fallen wir sozusagen in Ohnmacht. Es war der Tod, es war das Ende, und dieser Mann bedrängte mich ohne Furcht.

»Der dicke Junge war stark«, sagte Mr. Hagsworth leise. »Er hätte die meisten von uns verprügeln können. Aber in meinem letzten Schuljahr wurde er besiegt. Verschlagenheit und Bluff – als er endlich festgenagelt wurde, gab er auf. Er war ein Feigling.«

»Ich gebe auf, Mr. Hagsworth«, jammerte ich, »lassen Sie mich nur vor den Bomben fliehen!«

»Ich weiß«, sagte er nickend, »was sonst? Und – Bomben? Es gibt keine Bomben. Sehen Sie zum Fenster hinaus.«

Binnen Sekunden hatte ich mich aufgerafft, niemand sagte etwas. Ich trat ans Fenster. Draußen fuhr ein weißes Fahrzeug mit der Aufschrift ›Krankenwagen‹ hin und her, mit heulender Sirene. Kein Fliegeralarm. Nur ein Krankenwagen.

»Dachten Sie, wir würden uns von Ihnen bluffen lassen?« fragte

Hagsworth zornig. »Es gibt einen alten Spruch: ›Führt ihn am langen Zügel‹ – und das haben wir getan, an einem sehr langen. Wir wußten nämlich nicht, daß Sie einer Rasse von Feiglingen entstammen.«

»Ich Plinglot!« schluchzte ich durch alle meine Zähne. »Ich bin kein Feigling. Ich habe sogar diese Frau hier gefesselt, fragt sie. Es war tapfer, sogar Mutter hätte nicht mehr tun können! Ich Sektoraufseher dieses ganzen Quadranten der Galaxis, um Frieden zu bewahren!«

»Das wissen wir – und wir wissen auch, warum«, bestätigte Mr. Hagsworth, »weil Sie Angst haben, aber wir mußten mehr wissen. Jetzt kennen wir uns aus, und sobald eine bessere Verbindung mit den kleinen Aldebaraniern hergestellt ist, werden wir noch mehr erfahren. Es wird uns alles sehr nützlich sein«, meinte er sinnend.

Es war aus, es war das Ende.

»Wenn nur die Große Mutter wüßte, das Plinglot sein Bestes gegeben hat!« sagte ich traurig. »Wenn sie nur erfahren könnte, was für seltsame Leute hier wohnen, die ich nicht begreifen kann.«

»Oh«, sagte Mr. Hagsworth sanft, »wir erzählen es ihr schon, Plinglot«, sagte er, »sehr bald sogar, glaube ich.«

ENDE

Bitte beachten Sie die folgenden Anzeigenseiten. Die dort genannten Preise entsprechen dem Stand vom Frühjahr 1972 und können sich nach wirtschaftlichen Notwendigkeiten ändern.

Goldmanns WELTRAUM Taschenbücher

Lloyd Biggle
Spiralen aus dem Dunkel
Utopisch-technischer Abenteuerroman
208 Seiten. Band 096. DM 3.–

In den USA landet ein mysteriöses Flugobjekt – wie aus dem Nichts ... Vom Landungsplatz breiten sich in großen Spiralen Bahnen der Vernichtung und Zerstörung aus. Woher kam dieses geheimnisvolle, tödliche Flugobjekt? Aus den Tiefen des Weltraums? Oder etwa aus der Zukunft?

Arthur C. Clarke
Die letzte Generation
Utopisch-technischer Roman
192 Seiten. Band 070. DM 3.–

Gigantische Raumschiffe schweben über den größten Städten der Erde. Wer sind die Besucher aus dem Weltall? Sie nennen sich die ›Overlords‹ und bestimmen das Schicksal der Erde. Im Auftrag einer kosmischen Macht entführen sie die Kinder, um sie auf einem fernen Planeten für eine Gemeinschaftsaufgabe vorzubereiten.

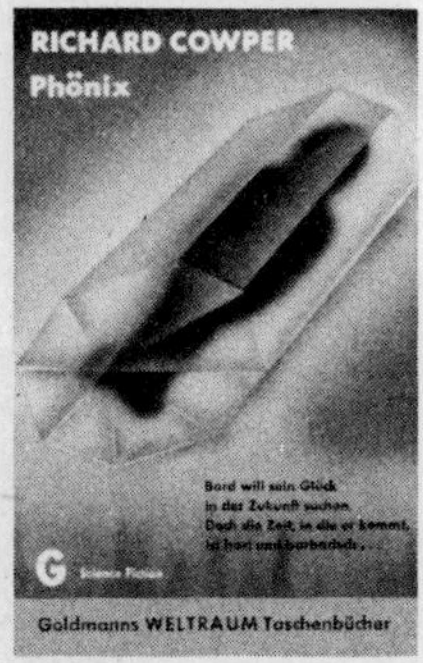

Richard Cowper
Phönix
Utopisch-technischer Abenteuerroman
160 Seiten. Band 099. DM 3.–

Können Menschen im Tiefschlaf Jahrhunderte überleben? Das Problem scheint für die Wissenschaft und Technik unserer Tage fast gelöst. – Der Roman berichtet von einem solchen Experiment. Nach einem todesähnlichen Schlaf im unterkühlten Zustand erwacht Bard Cecil in einer fremden, zukünftigen Welt voller Gefahren.

WILHELM GOLDMANN VERLAG MÜNCHEN

Goldmanns WELTRAUM Taschenbücher

Lloyd Biggle
Verbrechen in der Zukunft
Utopisch-technische Erzählungen
192 Seiten. Band 098. DM 3.–

Die Polizei hat ein Gerät erfunden, mit dessen Hilfe man auf einem Fernsehschirm Ereignisse beobachten kann, die erst in einigen Wochen stattfinden werden. Aber kann man die Zukunft, die man vorhergesehen hat, manipulieren?

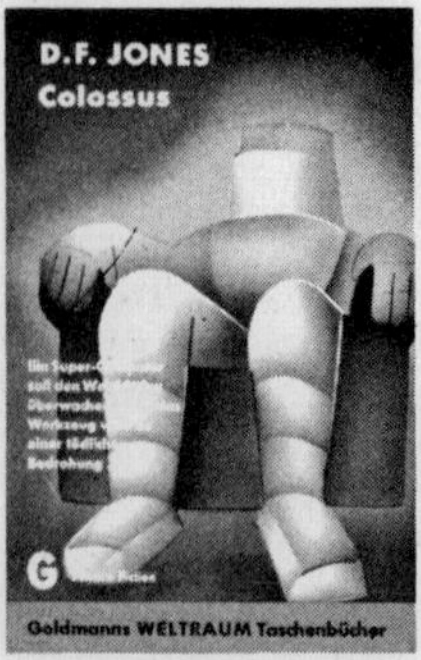

D. F. Jones
Colossus
Technischer Zukunftsroman
176 Seiten. Band 094. DM 3.–

Colossus – diesen Namen gab Professor Charles Forbin dem riesigen Computer, den er in langjähriger Arbeit entwickelte. Seine Aufgabe: Die Verteidigung des amerikanischen Kontinents. Als der Super-Computer in Betrieb genommen wird, muß man feststellen, daß er sich nicht mehr abschalten läßt. Der Menschheit droht die Gefahr, von Colossus regiert zu werden ...

E. C. Tubb
Projekt Ming-Vase
Utopisch-technische Erzählungen
176 Seiten. Band 093. DM 3.–

Zehn Geschichten von morgen – in kühnem Gedankenflug entführen sie den Leser in eine ferne Zukunft, in die unendlichen Weiten des Universums. Eine Auswahl, in der die ganze Spannweite der Science Fiction aufgezeigt wird. Telepathie, Raumfahrt, Leben auf anderen Planeten, Abenteuer im Weltraum – das sind einige der Themen.

WILHELM GOLDMANN VERLAG MÜNCHEN

Goldmanns WELTRAUM Taschenbücher

Rex Gordon
Der Zeitfaktor
Technischer Zukunftsroman
192 Seiten. Band 069. DM 3.–

Amerikanische Wissenschaftler schicken eine Filmkamera mit einer Zeitmaschine hundert Jahre in die Zukunft. Doch die Aufnahmen aus jener Zeit vermitteln ein Bild des Schrekkens. Die Erde ist durch einen Atomkrieg verwüstet. – Muß es tatsächlich so werden? Oder gibt es eine Möglichkeit, den Ablauf der Geschehnisse zu beeinflussen?

Damon Knight
Welt ohne Maschinen
Utopisch-technische Erzählungen
176 Seiten. Band 092. DM 3.–

Die Titelgeschichte führt den Leser in eine Zeit, wo alle Maschinen überflüssig geworden sind. Man hat einen höchst ungewöhnlichen Ersatz dafür gefunden. – Die beiden anderen Erzählungen befassen sich mit der ewigen Menschheitsfrage der Unsterblichkeit und der Freundschaftsmission eines Botschafters aus dem All.

Rick Raphael
Strahlen aus dem Wasser
Utopisch-technische Erzählungen
192 Seiten. Band 073. DM 3.–

Die Überbevölkerung der Erde und die Industrialisierung haben ein Ausmaß erreicht, das die menschliche Existenz gefährdet. Das Frischwasser reicht für die Erdbevölkerung nicht mehr aus! Werden die Fachleute der Zukunft noch rechtzeitig eine Möglichkeit finden, diese große Gefahr zu beseitigen?

WILHELM GOLDMANN VERLAG MÜNCHEN

Pierre Boulle
Der Planet der Affen
Utopisch-technischer Roman
192 Seiten. Band 059. DM 3.–

Ein abenteuerlicher Gulliver namens Ulysse Mérou landet im Jahre 2502 mit seinem Raumschiff auf einem fernen Planeten und findet sich in einer getreuen Kopie der auf den Kopf gestellten Gesellschaft der Erde wieder. Die Menschen hausen als Wilde in den Wäldern; die Affen dagegen sind Träger der Zivilisation.
Nach diesem Roman entstand einer der erfolgreichsten Filme der 20th Century Fox.

Leslie P. Davies
Der Mann aus der Zukunft
Utopisch-technischer Kriminalroman
176 Seiten. Band 090. DM 3.–

England im Jahre 2017. Das Land wird von einem allmächtigen Diktator beherrscht. Die Menschen leben in einem Polizeistaat, der ihnen jegliche persönliche Freiheit genommen hat.
Gegen diesen Zwang rebelliert eine Gruppe von Ärzten. Ein erbitterter Kampf um die Macht beginnt . . .

Raumfahrt wohin?
Der praktische Wert der Weltraumforschung
Herausgegeben von Eugen Sänger
192 Seiten. Band 061. DM 3.–

Aufgabe und Ziel amerikanischer Raumfahrtprojekte – Zweck und Sinn der Erforschung des Kosmos – Japans Hoffnung an der Schwelle eines neuen Zeitalters – Aspekte der unbemannten Raumfahrt – Hilfe für die Erde aus dem Kosmos?
Weltraumforscher aus acht Ländern schreiben über diese und ähnliche Themen.

WILHELM GOLDMANN VERLAG MÜNCHEN

Goldmann ABENTEUER Taschenbücher

William C. MacDonald
Der Skalp des Comanchen

Western aus der Pionierzeit in Texas
160 Seiten. Band A 14. DM 3.–

Mitten in der Wüste sitzt der alte Brose Randle in einem Ruderboot, steif, aufrecht – und tot. Nicht weit vom Boot liegt ein Indianerskalp, reich mit Perlen bestickt. Gregory Quist, der berühmte Eisenbahndetektiv, entdeckt den Toten und den Skalp – und wird vom Sheriff als Mörder des alten Randle festgenommen . . .

Peter Norden
Fliegender Sand

Ein großer deutscher Abenteuerroman
165 Seiten. Band A 5. DM 3.–

Sie gingen immer nach Osten, auf die Küste zu. Pro Tag schafften sie zwanzig Kilometer – das bedeutet einen Marsch von vielen Wochen bis zur nächsten menschlichen Siedlung. Die Wüste lauerte auf ihre Opfer: Sechs Männer, vom Zufall zusammengewürfelt, im qualvollen Kampf um das nackte Leben . . .

Ben Smith
Das Tal der Rache

Ein Western aus Montana
160 Seiten. Band A 6. DM 3.–

Als noch das Faustrecht galt im Westen der USA, als Banditen und Gesetzlose den Siedlern das Leben schwermachten, sorgten die Männer von den berühmten ›Texas-Rangers‹ für Recht und Gesetz. – Einen von ihnen führt der Hilferuf seines Freundes bis nach Montana . . .

WILHELM GOLDMANN VERLAG MÜNCHEN

Goldmann ABENTEUER Taschenbücher

John Clifford
Auf die Stirn gebrannt

Ein Klassewestern
175 Seiten. Band A 1. DM 3.–

David Haviland stand in der Tür des Saloons. »Wer von euch ist Skinner Bill?« Einer von den Männern erhob sich langsam. Dann bellten zwei Schüsse durch den Raum, fast gleichzeitig. Zwei Männer hatten Davids Vater in den Tod getrieben und seine Schwester erschossen. Der Tag der Rache war gekommen.

Kathrene Pinkerton
Einsames Blockhaus

Fünf Jahre im kanadischen Busch
202 Seiten. Band A 4. DM 3.–

Wild ist der Sturm, der um das primitive Blockhaus der Pinkertons heult – weit draußen im kanadischen Busch. In einem Land, wo der Winter elf Monate dauert, bestehen Kathrene und ihr Mann den Kampf gegen die Unbilden des Nordens. Täglich drohen neue Gefahren, und um sie zu überwinden, brauchen die beiden Humor, helle Köpfe und viel Herz.

Frank C. Robertson
Stern der Gesetzlosen

Lynchjustiz im Wilden Westen
160 Seiten. Band A 15. DM 3.–

Aus dem ganzen County strömen die Leute zusammen: Bonnie Rivers, die Tochter des reichsten Ranchers, feiert Hochzeit. Aber das Fest nimmt ein böses Ende: Ein Mann wird getötet, und die aufgewiegelte Menge schreit nach Lynchjustiz . . .

WILHELM GOLDMANN VERLAG MÜNCHEN

Goldmann ABENTEUER Taschenbücher

Clifton Adams
Kopfprämie für Mr. Brown

Western aus der Zeit des Eisenbahnbaus
160 Seiten. Band A 2. DM 3.–

Frank Shade hatte den Auftrag, einen Verbrecher zu fassen, der seit Monaten die Gegend terrorisierte. 10 000 Dollar waren dafür ausgesetzt, und viele wollten sie sich verdienen. Shade stieß wie alle anderen gegen eine Mauer des Schweigens.

John C. Champion
Falken im Mittag

Abenteuer aus der Zeit der Indianerkriege
183 Seiten. Band A 13. DM 3.–

Arizona, im Sommer 1870.
Aufstand der Apachen.
Die letzten Weißen fliehen nach Fort Yuma an der Grenze von Mexiko. Doch sie erreichen das Fort nicht. Lautlos haben Indianer die Flüchtenden eingekreist . . .

Ronald Johnston
Glutroter Horizont

Abenteuer auf den Bahamas
150 Seiten. Band A 3. DM 3.–

Leuchtsignale über dem Korallenriff! Im Hurrikan ist eine Jacht gestrandet und zerschellt. Joe Lennard und sein Freund Moses können die Überlebenden in Sicherheit bringen. Aber mit den Geretteten kommt Gefahr in das Ferienparadies auf den Bahamas. Für Joe und Moses geht es jetzt um Leben und Tod . . .

WILHELM GOLDMANN VERLAG MÜNCHEN

Goldmann Taschen KRIMI

Margery Allingham
Die Patientin in der Pfauenvilla
160 Seiten. Band 3251. DM 3.–

Als Ann Fowler zu der kranken Filmschauspielerin Francia Forde in die Pfauenvilla gerufen wird, weiß die junge Ärztin, daß es zu einem Kampf auf Leben und Tod kommen wird. Aber nicht nur das Leben ihrer Patientin steht auf dem Spiel . . .

Frances Keinzley
Der Mörder läßt bitten
176 Seiten. Band 3252. DM 3.–

Neuseeland. Sieben angesehene Bürger treffen sich in einem einsamen Berghaus. Keiner will es zugeben, aber sie wurden von einem Erpresser dorthin befohlen. Welches Geheimnis verbindet die sieben? Es dauert nicht lange, dann fragen sich sechs: Wer war der Mörder?

Helen Nielsen
Mord ist ansteckend
192 Seiten. Band 3253. DM 3.–

Der dritte Mord in drei Tagen. Für eine Stadt wie San Diego keine Sensation, aber Rechtsanwalt Simon Drake ahnt gewisse Zusammenhänge. Drake muß sehr behutsam vorgehen, denn seine Freundin scheint in den Fall verwickelt. Und dann geschieht ein vierter Mord.

WILHELM GOLDMANN VERLAG MÜNCHEN

Verehrter Leser,
senden Sie bitte diese Karte ausgefüllt an den Verlag. Sie erhalten kostenlos unsere Verlagsverzeichnisse zugestellt.

WILHELM GOLDMANN VERLAG · 8 MÜNCHEN 80

Bitte hier abschneiden

Diese Karte entnahm ich dem Buch

Kritik + Anregungen

Ich wünsche die kostenlose und unverbindliche Zusendung des Verlagskataloges und laufende Unterrichtung über die Neuerscheinungen des Wilhelm Goldmann Verlages.

Name

Beruf Ort

Straße

Ich empfehle, den Katalog auch an die nachstehende Adresse zu senden:

Name

Beruf Ort

Straße

Goldmann Taschenbücher sind mit über 3200 Titeln (Frühjahr 1972) die größte deutsche Taschenbuchreihe. Jeden Monat etwa 25 Neuerscheinungen. Gesamtauflage über 125 Millionen.

Aus dem WILHELM GOLDMANN VERLAG
8 München 80, Postfach 80 07 09 bestelle ich
durch die Buchhandlung

Anzahl	Titel bzw. Band-Nr.	Preis

Datum: Unterschrift:

4020 · 7024 · 3.000

Bitte mit Postkarten-Porto frankieren.

Wilhelm Goldmann Verlag

8000 MÜNCHEN 80

Postfach 80 07 09